AF139693

Julius von Wickede

Aus dem Tagebuch eines französischen Offiziers in Mexiko

Julius von Wickede

Aus dem Tagebuch eines französischen Offiziers in Mexiko

ISBN/EAN: 9783744676250

Hergestellt in Europa, USA, Kanada, Australien, Japan

Cover: Foto ©ninafisch / pixelio.de

Weitere Bücher finden Sie auf **www.hansebooks.com**

Aus dem Tagebuch

eines französischen Offiziers

in Mexiko.

Bearbeitet

von

Julius von Wickede.

Das Recht der Uebersetzung in fremde Sprachen ist vorbehalten.

Leipzig & Stuttgart.

Verlag von Otto Purfürst.

1864.

Aus dem neueroberten Mexiko, von deſſen Thürmen ſiegreich unſere ruhmgekrönten franzöſiſchen Fahnen flattern, ſende ich Dir meine Tagebücher in das ferne Deutſchland. Seit wir Beide zuſammen die milden, mond⸗ ſcheinhellen Nächte an den hochflammenden Wachtfeuern in der Kabylie verbrachten, wo unſere nächtliche Ruhe ſo häufig von dem wilden Geheul der uns mit Ungeſtüm angreifen⸗ den Feinde geſtört wurde, daß wir zuletzt es vorzogen, ſtatt den vergeblichen Verſuch zum Schlaf zu machen, uns die Stunden durch ein heiteres Geplauder zu verkürzen; welche Fülle der wechſelvollſten Begebenheiten haben wir in den dazwiſchenliegenden Jahren erlebt! Und nun gar die eines franzöſiſchen Soldaten des Kaiſers Napoleon! Wie müſſen wir dem Beherrſcher Frankreichs dafür danken, daß ſein Befehl uns eine ſo reiche Laufbahn des Ruhmes und der militäriſchen Ehren angewieſen hat.

Wenn auch manche ruhige Friedensfreunde unſeres ſteten Krieges überbrüſſig ſein mögen, oder ſchreibluſtige Journa⸗ liſten und geſchwätzige Deputirte es zu wagen verſuchen, ihre Stimme gegen alle dieſe Feldzüge zu erheben; was küm⸗

mert sich wohl der Kaiser um all dies mißtönende Geschrei, wie lächerlich kommen uns, seinen Soldaten, die Oppositions= redner und Schreiber vor, deren ganzes Getreibe auf das Heer nicht die allerminbeste Wirkung äußert. La belle France war durch die schwache patriarchalische Regierung der Bourbons, welche nur auf den Rath verlebter Höflinge oder stupiber Pfaffen hörten und nun gar durch diesen sogenann= ten parlamentarischen Constitutionalismus von Louis Phi= lipp, des Königs der Pariser Handschuhmacher und Schnei= der, etwas außer Zucht und Disciplin gekommen, und wir Soldaten konnten uns nur freuen, daß wieder ein kräftiger Mann aus dem stolzen Stamm der Napoleoniden mit ener= gischer Hand die Herrscherzügel ergriff und dem Volke Ord= nung und Gehorsam beibrachte. Haben wir doch jetzt wie= der — wornach unser Herz sich stets sehnte, einen Kaiser der Soldaten, auf dem glänzenden Thron der Tuilerien, und wird das Heer schon dafür sorgen, daß er im Innern ge= fürchtet, nach Außen aber geehrt wird. Und welchen Ruhm durften wir unter des Kaisers zwar noch kurzer, aber doch so sehr thatenreicher Regierung, unseren Fahnen schon wieder erkämpfen. Parbleu, ich danke fast täglich dem gütigen Geschick, daß es mich gerade so zur rechten Zeit geboren wer= den ließ, um alle diese vielen Feldzüge, in welchen wir bereits Siege erfochten haben, und hoffentlich in noch viel größerer Zahl künftig erfechten werden, als junger, lebenskräftiger Offizier mit durchmachen zu können. Wie unglücklich sind dagegen alle unsere Kameraden daran gewesen, deren erste Dienstzeit in diese schlechte Periode von 1815 bis 1830, die

traurigste von allen, welche Frankreich jemals erlebte, fiel.
Auch unter Louis Philipp, dem Bankierskönige, gab es für
Soldaten nur wenige Lorbeeren zu erfechten, wenn man sich
nicht fort und fort von der afrikanischen Glutsonne schwarz
brennen und immer nur gegen Kabylen, Hajuten, Bebuinen
und Maroccaner, und wie dies Gesindel noch weiter heißen
mag, im Felde liegen wollte, was zuletzt bei der geringen
Abwechslung doch etwas langweilig werden konnte. Welche
Auswahl der verschiedensten Feldzüge, welche Mannigfaltig-
keit der eigenthümlichsten Feinde hat uns jedoch unser Kaiser
Napoleon schon verschafft, und welche Gunst des Schicksals
für mich, daß ich an allen diesen Feldzügen persönlich Antheil nehmen durfte. Wie bin ich von allen meinen Kameraden deßhalb schon beneidet worden. Kaum 38 Jahre
bin ich alt, zähle 18 Dienstjahre und darunter schon 11 Cam-
pagnen. Kann ein Offizier in der Mitte des 19. Jahr-
hunders wohl Besseres verlangen? Und was für verschieden-
artige Feinde gab es zu bekämpfen. Kaum hatte ich einige
Jahre in Algerien gestanden und mich mit dessen wilden
Söhnen herumgeschlagen, da hieß es für uns Zuaven: fort
auf die Schiffe und in die Türkei, um dort an den Russen
den unglücklichen Feldzug von 1812 zu rächen. Weßhalb
sonst dieser sogenannte „orientalische Krieg" eigentlich geführt wurde, habe ich nie so recht ergründen können, und
in Wahrheit gestanden, war dies mir auch so ziemlich gleichgültig. Wenn ich nicht irre, hieß es, wir sollten die Civi-
lisation und Kultur der Türkei gegen die russische Barbarei
beschützen. Nun nur immer zu! Hatten wir in der Kabylie

uns so recht braun einbrennen müssen, so erhielten wir wäh=
rend des Winters vor Sebastopol wieder hinreichende Ge=
legenheit, uns weiß zu bleichen. Sacristie, dieser Winter
vor Sebastopol war in der That ein kaltes Vergnügen, und
noch jetzt in der Erinnerung überläuft mich ein gelindes
Fröſteln, wenn ich daran zurückdenke. Und gar tüchtige
Feinde, die wie Granitmauern oft ſtanden, und welche man
darnieberſchmettern mußte, wenn man ſie beſiegen wollte,
waren die ruſſiſchen Bataillone. Doch was konnte dem Un=
geſtüm von uns franzöſiſchen Soldaten auf die Länge wohl
widerſtehen? und ſo hatten wir denn zuletzt doch das Glück,
unſere Fahnen auf dem erſtürmten Malakoff=Thurme zu ſehen.
Dieſe Erſtürmung des ſo muthvoll vertheidigten Sebaſtopols
war in der That ein glorreicher Tag, den allein ſchon
Jeder von uns, dem vergönnt war, daran theilnehmen zu
dürfen, verdiente erlebt zu haben. Die glänzende Geſchichte
unſeres Zuaventorps iſt dadurch um eine ruhmreiche Seite
vermehrt worden.

Von der Krim ging es abermals nach Algerien zurück,
und daß wir in den nächſten drei Jahren uns nicht allzu=
ſehr langweilten, und in der guten Gewohnheit des Krieg=
führens blieben, dafür mußte der Kaiſer durch die verſchie=
benen Expeditionen, welche er uns machen ließ, ſchon zu
ſorgen. In Algerien erhielten wir plötzlich die freudige Bot=
ſchaft, daß wir nach Italien eingeſchifft werden ſollten, um
dort den Italienern, welche ſich nicht ſelbſt helfen konnten,
ein unabhängiges Königreich von den Oeſterreichern zu er=
obern. Hurrah, das war denn eine gar prächtige Freuden=

nachricht, und seit dem Sturmtage von Sebastopol hatten meine Zuaven ihr „vive l'empereur" noch niemals wieder mit so stürmischer Begeisterung gerufen, als an diesem Tage, da wir den Befehl zur Einschiffung erhielten. Ich selbst war halb toll vor Jubel und Freude, daß es mir vergönnt sein sollte, auch noch in Italien, diesem Lande des Ruhmes für die französischen Waffen, wo unsere glänzendsten Schlacht= felder der Republik und des Kaiserreichs lagen, auf denen mein seliger Vater seine ersten Waffenthaten verrichtet, und zwar sein rechtes Auge und die linke Hand verloren, dafür sich aber auch den Orden der Ehrenlegion verdient hatte, zu kämpfen. Zwar hegte ich gegen die österreichische Armee selbst gar keine Feindschaft, ja zählte sogar von den drei Jahren her, die ich in Deutschland erzogen wurde, noch mehrere recht gute Freunde in deren Reihen — doch wie konnte dies Alles wohl im Allermindesten nur in Betracht kommen, sobald es galt, für den Ruhm und die Ehre der französischen Armee zu kämpfen. Nun in Italien ernteten wir wieder reiche Siegeslorbeeren, und erreichten in der kürzesten Zeit unsern Zweck vollkommen. Die einzelnen österreichischen Bataillone und Schwadronen rauften sich zwar, wie sich die österreichi= schen Offiziere so bezeichnend ausdrückten, vortrefflich, und es war mir eine Freude, so muthigen Gegnern gegenüberzustehen, allein die höhere Heeresleitung war miserabel, und von den oberen Generalen schienen Manche ihren Kopf gänzlich ver= loren zu haben, wenn sie überhaupt einen solchen jemals besessen hatten. So konnte es denn nicht fehlen, daß wir in allen Hauptschlachten entschieden siegten und in wenigen

Wochen schon durchsetzten, was sämmtliche Italiener, und
hätten sie auch zehn Männer wie Garibaldi — der, beiläufig sei es gesagt, persönlich ein sehr muthiger Soldat und
braver Mann, aber ein überspannter, oft halb unsinniger
Politiker sein soll, in ebensoviel Jahren nicht erreicht hätten,
nämlich die Lombardei gänzlich zu erobern.

Nur zu schnell machte der Friede von Villa franca
unserer Siegeslaufbahn ein Ende und verhinderte uns, auch
Venetien zu erobern. Nun, unser Kaiser, der Alles am besten
weiß wie es geschehen soll, muß wohl seine gewichtigen
Gründe dafür gehabt haben, warum er diesen plötzlichen
Frieden schloß. Uns, seinen Soldaten, geziemt es, schweigend zu gehorchen und, wenn es befohlen wird, muthig zu
kämpfen. Ein vergnügtes Leben war es aber für uns in
dem neueroberten Mailand. Besonders die schönen, glutäugigen, vornehmen Mailänderinnen, diese reizenden Ge-
schöpfe, die ganz wie zur Liebe geschaffen sind, nahmen uns
französischen Offiziere mit offenen Armen auf, und wir
feierten unter Gott Amors Fahnen bald nicht minder glänzende, dafür aber oft desto gefährlichere Siege, als wir so
eben unter dem Banner des Mars erfochten hatten. Wären
unsere Regimenter allzulange in der Lombardei geblieben,
so hätte ihnen dies Land leicht ebenso gefährlich werden
können, als es einst Capua den siegreichen Schaaren Hanni-
bals gewesen sein soll.

Nur für mich selbst hatte dies keine Gefahr, denn wie
dies bekannt, verließ ich bald Italien, und auch meine alten
lieben Zuaven, mit denen ich nun schon über 10 Jahre

alles Leid und alle Freude so getreulich getheilt hatte, um zu einem der neuerrichteten Infanterieregimenter versetzt zu werden. Anfänglich war ich zwar über diese Versetzung in mancher Hinsicht gar nicht erfreut, allein wie bald sollte ich Ursache haben, vollkommen damit zufrieden zu sein. Kaum war ich einige Monate in Lyon, meiner neuen Garnison, und fing schon an, mich nicht wenig in dem strengen Garnisons- und Parabedienst, den uns der alte Marschall Castellane, dieser beste Exerciermeister der französischen Armee, mit Recht thun ließ, zu langweilen an, als plötzlich der Befehl kam, daß wir uns nach China einschiffen sollten. Das war denn doch eine eigenthümliche Expedition, die schon eine bunte Reihe von Abenteuern aller Art versprach. Gegen Kabylen, Russen und Oesterreicher hatte ich schon vielfach gekämpft, nun sollte ich dies zur Veränderung auch einmal gegen schlitzaugige, langzöpfige, breitmaulige Chinesen thun. Fürwahr, es war dies ein verflucht gescheuter Gedanke unseres Kaisers, der es schon verdiente, daß ich ihm bei der Nachricht von unserer Einschiffung ein bonnerndes „vive l'empereur" brachte. Dank sei es meinem grünblichen geographischen Unterricht in der vierten Klasse der B.... Erziehungsanstalt in Dresden, wo der gute, lange Dr. N., eine wahre Mustergestalt eines deutschen Stubengelehrten, mit seiner näselnden Stimme in ächt pirnaischem Dialekt, der bis zu meiner Sterbestunde in meinen Ohren unvergeßlich bleiben wird, uns wilden, ungezogenen Rangen doch einige Kenntnisse einzubläuen versuchte, hatte ich wenigstens einen schwachen Begriff von China, und wußte ungefähr,

wo es lag. Ich ward deßhalb von meinen übrigen Kameraden förmlich als ein Muster von Gelehrsamkeit angestaunt,
und galt in ihren Augen als ein zweiter Humbold. Von
unseren Soldaten wußte jedoch Keiner auch nur eine Silbe
mehr von China und den Chinesen, als ich vom Monde
und dessen etwaigen Bewohnern, von denen — irre ich
nicht, irgend ein deutscher Professor einmal ausgeklügelt hat,
daß sie alle, gleich den Pavianen, vier Fuß lange Schwänze
trügen. Nun diese geringe, oder richtiger wohl gar keine
Kenntniß von China hinderte aber nicht, daß unser ganzes
Bataillon den Befehl zum Abmarsch dahin mit der lebhaftesten Freude empfing. Wo werden französische Soldaten
auch wohl weiter darnach fragen, in welchem Lande oder
gegen welche Gegner sie kämpfen sollen, wenn es heißt:
„Vorwärts gegen den Feind!" Und wird es uns nicht
stets genügen, wenn wir nur Gelegenheit finden, unseren
Fahnen Ruhm und Ehre zu erkämpfen, alles Uebrige kann
uns vollkommen gleichgültig sein.

Nun wie wir in China kämpften, und im Verein mit
unsern zeitweiligen Bundesgenossen, aber keineswegs steten,
festen Freunden, den Engländern, die chinesischen Forts am
Peihoflusse erstürmten, ist Dir wohl bekannt genug. Und
dann diese Besetzung und Ausplünderung des kaiserlichen
Sommerpalastes bei Peking, wo manche unserer Soldaten
in wenigen Stunden so reiche Beute erwarben, daß sie solche
unter anderen Verhältnissen in ihrem ganzen Leben niemals hätten verdienen können. Es war trotz mancher Ent-
behrungen doch eine ungemein lustige Zeit, welche wir in China

verlebten, und nicht um vieles Geld möchte ich die Erinne=
rung hieran missen. Und was für komische Feinde waren
diese Chinesen, obgleich mitunter ihre barbarischen Soldaten
mit vieler Tapferkeit sich schlugen.

Nun, war dies eine Jahr, welches ich in China verlebte,
auch amüsant genug, so hätte ich doch nicht selbst um den
Preis, der baldige Universalerbe der vier Gebrüder Roth=
schild zu werden, auch nur ein Decennium in diesem ver=
drehten Lande verbringen mögen. Und welch gräuliches
Volk sind diese watscheligen, dickwanstigen, schweinaugigen
Chinesen aller Stände. Fürwahr, der schmutzigste Beduine
in seinem zerlumpten Burnus ist ein vornehmer Gentleman
im Vergleich zu einem chinesischen Mandarien erster Klasse.
So freute ich mich denn ebenso sehr über meine Abreise
aus, als früher über meine Hinreise nach China, und trat
frohen Herzens den Weg über Ostindien und Aegypten nach
Europa an. Wie braun gebrannt und zusammengeborrt ich
damals aussah, als wir unsere Zusammenkunft in Salzburg,
dieser schönst gelegenen Stadt Deutschlands hatten, und
ein paar vergnügte Tage in diesem prächtigen Salzkammer=
gut miteinander verlebten, wird Dir wohl noch in frischer
Erinnerung sein. Glaubte Dir doch die blauaugige, blond=
haarige, rothbackige Pepi in Linz, dies frische, hübsche Alpen=
mädchen, Deine Versicherung, daß ich ein echter Türke und
ein Leibsclave des Sultans sei, ohne Weiteres, und nahm
beßhalb meine Courmacherei ungleich spröder auf, als mir
eigentlich erwünscht war. Nun hier beim Feldleben in

Mexiko bin ich fürwahr wieder ebenso schwarzbraun gebrannt und mager geworden, als ich zu jener Zeit war.

Als wir uns in Linz damals trennten, besuchte ich meinen guten Vetter und Jugendgespielen, der die hohe Ehre hat, Kammerherr und Kommandant einer der 4 Kompagnien, welche die ganze Heeresmacht Sr. Durchlaucht des Fürsten von X. Y. Z. bilden, zu sein. Ein gar verschiedenes Leben ist es, welches wir Beide geführt haben, seit uns vor so und so viel Jahren unsere Bestimmungen in Dresden von einander trennten. Mein Vetter hat sich inzwischen ein kleines Bäuchlein angegessen und ein rundes Weiblein genommen, und hält es für seine Pflicht, die 80 oder 100,000 Unterthanen Seiner Durchlaucht seines Landesherren alljährlich durch einen gesunden Jungen oder ein rothbackiges Mägdelein vermehren zu helfen, in welchen lobenswerthen Bemühungen er es auch schon bis zur Zahl 7 gebracht hat.

Womit soll sich ein fürstlich X. Y. Z.'scher Hauptmann auch wohl sonst noch weiter beschäftigen, als mit der süßen Arbeit, Kinder in die Welt zu setzen, seinen Kohl im eigenen Hausgärtlein zu bauen, und seinen Hühnerhof, der mehr Individuen, als seine ganze Kompagnie enthält, zu pflegen. Es ist doch in der That ein wahrhaft idyllisches, friedliches Leben, was so ein Offizier eines kleinen, deutschen Kontingentes führen kann, und seine bequeme Behaglichkeit wird besser dabei gewahrt, als es uns Soldaten des Kaisers Napoleon möglich ist. Welch eine Aufregung verursachte meiner Frau Cousine der Gedanke, daß ihr Mann vielleicht auf ein Jahr nach dem 3 Meilen entfernten Städtchen X., dem äußersten Grenzpunkt des Y'schen Fürstenthums, versetzt werden könnte, und ein Ausmarsch dahin bildet in der Residenz ein ungleich wichtigeres Ereigniß, welches zehntausend= mal mehr besprochen und durchgellatscht wird, als wenn unser Kaiser befiehlt, daß ein Regiment am nächsten Tage fort aus Paris nach Algerien, oder Mexiko, oder China, oder wohin er es sonst für gut findet, marschiren solle. Es ist ein eigenes Ding mit der menschlichen Zufriedenheit, und so glaube ich gerne, daß man sich auch beim Kindererzeugen und Kohlpflanzen als fürstlich X. Y. Z'scher Hauptmann ganz glücklich fühlen und kein höheres Ziel des Ehrgeizes kennen kann, als bereinst als fürstlicher Kammerherr in der dritten Klasse der hochfürstlichen Hofrangordnung zu rangi= ren; mir, dem Bataillonschef der Zuaven, der sehr hofft, als General zu sterben und seinen Namen in der ruhm= vollen Kriegsgeschichte der französischen Truppen mit Ehren genannt zu sehen, würde ein solches Dasein bald unerträg= lich einförmig erscheinen. Ich bedarf einer anderen Thätig= keit, als mein ganzes Leben hindurch in der großen Resi= benzstadt Y., mit ihren 4000 Einwohnern, Rekruten zu exerciren, und selbst das weichste Ehebett an der Seite einer tugendhaften, blauaugigen, immerholden deutschen Hausfrau würde mir bei seiner geringen Abwechslung gar bald recht unbehaglich vorkommen. Das Feldlager in der Mitte un= serer Truppen ist mir erwünschter, als das eigene Haus und Hof, und das rauhe Kriegsgeschrei meiner Zuaven erscheint

meinen Ohren als eine angenehmere Musik, wie Kinderge=
wimmer und Gardinenpredigten selbst von rosigen Lippen.

So verließ ich denn nach 8tägigem Aufenthalt die enge
Häuslichkeit meines guten Vetters, und die große, vornehm=
sein wollende Geselligkeit der kleinen Residenz, ohne sonder=
liches Bedauern, nicht für immer in ihr verweilen zu dür=
fen, und begab mich vorerst nach Paris, diesem Babylon
der jetzigen Zeit. Wenn man ein junger, lebenslustiger
Offizier ist, alle Taschen voll Gold und dazu noch eine Aus=
wahl hübscher chinesischer Geschenke für Freunde und zärt=
liche Freundinnen mitbringt, was Alles bei mir damals der
Fall war, so gewährt Paris für einige Wochen einen äußerst
angenehmen Aufenthaltsort.

So stürzte ich mich denn über Hals und Kopf in den
wildesten Strudel des Pariser Lebens hinein, und tollte
darin herum, wie man nur eben darin herumtollen
kann. Als mir die mehr pikanten als achtungswerthen
Damen der Demi-monde mit ihren falschen Liebkosun=
gen alle meine chinesischen Kostbarkeiten abgeschwindelt
hatten, und auch meine Börse schon eine bedenkliche Leere
zeigte, da war ich auch dieses Pariser Lebens schon auf das
Aeußerste sehr überdrüssig. Diese erkauften Liebkosungen
der gefälligen Schönen flößten mir wahrhaften Ekel ein,
und die Verachtung gegen dies ganze müßige frivole Pa=
riser Bummelleben ward sogleich bei mir so groß, daß ich
nicht das mindeste Vergnügen mehr daran finden konnte.
Zehntausendmal lieber will ich für immer mein ganzes
Leben als einfacher Feldoffizier in der entlegensten Algeri=

ſchen Garniſon verbringen, als der eleganteſte Stutzer in
dieſen müßigen Pariſer Salons ſein. Sind es doch meiſt
erbärmliche Wichte ohne Saft und Kraft, welche ſich hier
herumtreiben.

Mit dieſen Geſinnungen war ich es denn ganz zufrie=
den, daß auch mein Urlaub ablief und ich den Befehl er=
hielt, mich als Bataillonschef zu meinem augenblicklich in
Rom garniſonirenden Infanterieregiment zu begeben. Der
Aufenthalt in Rom bot zwar in ſocialer Hinſicht viele Zer=
ſtreuungen dar, hatte aber doch auch ſonſt wieder manche
große Unannehmlichkeiten. Man wußte eigentlich nicht recht,
welche Stellung wir franzöſiſche Soldaten dort einnehmen
ſollten, und ob wir die Freunde und Beſchützer, oder eigent=
lich die Feinde und Wächter des Papſtes wären. Beſonders
Herr von Merode und Karbinal Antonelli, die Beide eigent=
lich in Wahrheit den ganzen Kirchenſtaat regieren, denn der
zwar herzensgute aber ſchwache und alte Papſt Pius IX.
gibt nur den Namen dazu her, ſchienen uns mehr als letz=
tere wie als erſtere anzuſehen, und ſo fehlte es denn nicht
an verſchiedenen verdrießlichen Reibereien. Und doch iſt die
ganze päpſtliche Herrſchaft im Kirchenſtaat der franzöſiſchen
Beſatzung in Rom eigentlich zum größten Dank verpflich=
tet, denn die italieniſchen Annexioniſten hätten derſelben
ſchon längſt ein Ende gemacht, wenn wir dies nicht verhin=
derten. Wie heute die franzöſiſchen Soldaten aus Rom fort=
marſchiren, ſo hält morgen der eroberungsluſtige König Victor
Emanuel oder ſein raſtloſer Vorfechter Garibaldi daſelbſt
ſeinen Einzug, und die ganze päpſtliche Herrſchaft fällt gleich

einem losen Kartenhause zusammen; darüber darf man sich nicht im Mindesten täuschen.

Ungefähr ein halbes Jahr hatte ich im Kirchenstaat in Garnison gestanden, als der Kaiser auf den vernünftigen Gedanken fiel, eine Expedition nach Mexiko auszurüsten. Die mexikanische Regierung war frech gegen die französischen Gesandten gewesen und hatte die Ehre unserer Flagge zu verletzen gewagt, dafür mußte sie exemplarisch gezüchtigt werden. Hatten wir Soldaten des Kaisers Napoleon III. bisher im Orient, in Afrika und China unsere Feinde besiegt, so mußte dies auch in Mexiko geschehen und der Welt gezeigt werden, daß der Kaiser überall, wo es ihm zu befehlen beliebte, auch seinen Willen durchzusetzen vermöge.

Als ich von der Aussendung dieser mexikanischen Expedition hörte, da war ich fast untröstlich, daß ich keine Aussicht hegen durfte, an derselben theilnehmen zu können. Tag und Nacht fast quälte mich der Gedanke, wie ich es möglich machen könne, mit nach Mexiko zu kommen, allein so sehr ich auch sann und sann, so wollte sich doch immer kein Mittel finden, da das Regiment, bei dem ich augenblicklich stand, nicht mit zur Theilnahme bestimmt war. „Doch unverhofft kommt oft," dies sollte ich wie früher schon wiederholt auch jetzt wieder bei mir erfahren. Ich hatte schon fast den Gedanken aufgegeben, auch in Mexiko mir Siegeslorbeeren zu erkämpfen, und war bereits im besten Gange, um mich zu trösten, einer sehr schönen, liebenswürdigen, jungen Engländerin eifrig zu huldigen — obgleich mich oft dabei die Furcht schreckte, daß ich am Ende doch noch in das zwar

süße aber schwere Joch der heiligen Ehe eingespannt werden
möchte, als ich plötzlich von meinem Freunde in Paris die
Nachricht erhielt, daß vielleicht einige Aussicht für mich vor=
handen sei, mit nach Mexiko zu kommen. Der Bataillons=
chef in einem nach Mexiko bereits eingeschifften Regiment,
ein sehr tüchtiger erprobter Soldat, war erkrankt in Frank=
reich zurückgeblieben, und die Aerzte hatten erklärt, daß ein
längerer Aufenthalt in einem Tropenklima für ihn die größte
Gefahr bringen würde. Er beabsichtigte daher mit einem
anderen Bataillonschef einen Tausch einzugehen, und so war
Hoffnung für mich vorhanden, daß ich an seiner Stelle mich
einschiffen könne. Schon die bloße Möglichkeit dieser Theil=
nahme regte mich so freudig auf, daß ich die ganze Nacht
kein Auge darüber schließen konnte. Vergessen war sogleich
meine schöne Engländerin und alle ihre Vorzüge an äußeren
Reizen wie gewichtigen Reichthümern, denn wenn ich Hoff=
nung hegen durfte, in Mexiko an recht tüchtigen kriegerischen
Expeditionen theilnehmen zu können, so hätte Alt=England
mir die reichsten und schönsten seiner Ladies, zur beliebigen
Auswahl für mein zukünftiges Ehebett, präsentiren können,
ich wäre keinen Augenblick unschlüssig gewesen, das harte
Lager im Zelte, in der Mitte meiner Kriegsgenossen, vor=
zuziehen. Mit dem größten Eifer setzte ich nun alle mög=
lichen verschiedenen Hebel in Bewegung, um meine Ver=
setzung zu erwirken, und dank sei es meinem Glücksterne,
sie gelang mir auch. Das war ein freudiger Augenblick,
als ich den Befehl erhielt, unverzüglich mit dem nächsten
Packetboot mich nach Vera=Cruz einzuschiffen, wohin das Ba=

taillon, welches ich befehligen sollte, bereits abgegangen war. Meine blonde Miß in Rom schien zwar in ihren veilchen= blauen Aeugelein einige Thränen schimmern lassen zu wollen, als ich ihr meine plötzliche Abreise mittheilte, doch was kümmerten mich jetzt noch alle Weiberthränen.

„Ich hab' auf Erden kein bleibend Quartier,
Kann treue Lieb' nicht bewahren!"

sang ich mit Eurem Schiller, beiläufig gesagt, dem einzigen deutschen Tragödienbichter, dessen Werken ich auf die Länge Geschmack abgewinnen konnte. Ich suchte bie schöne Eng= länbern möglichst zu trösten, versprach ihr bie golbene Krone bes Iturbibes ober irgenb eines anberen merikanischen Gro= ßen als Brautgeschenk bei unserer bemnächstigen Hochzeit nach meiner Rückkehr mitzubringen, feierte noch einen lustigen Abschiebsabend mit meinen Kameraden, welche mich Alle um mein Glück, wieder an neuen Feldzügen theilnehmen zu bürfen, nicht wenig beneibeten, im französischen Militärcasino in Rom, unb fuhr dann mit frohem Herzen ab.

Von meiner Seereise nach Vera=Cruz, welche ich ber schnelleren Fahrt wegen, ba gerabe von St. Nazaire kein Schiff bahin abging, mit einem englischen Packetboote machte, ist nicht viel zu erzählen. Die Gesellschaft, in welcher ich größtentheils verkehrte, bestanb fast nur aus englischen Lanb= unb Seeoffizieren verschiebener Grabe, welche auf Urlaub in ihrem Vaterlanbe gewesen waren, unb nun nach ihren ver= schiebenen Garnisonen unb Stationen in ben westinbischen Gewässern zurückkehrten. Als echter Franzose hasse ich Eng= lanb unb seine Politik trotz unserer zeitweiligen Bunbesge=

noſſenſchaft nicht wenig, und gäbe gerne meine rechte Hand
dafür, wenn ich noch ſo einen tüchtigen Krieg gegen die
Engländer fechten, und gar vor Allem London mit erſtür=
men helfen könnte, allein unter den einzelnen engliſchen Offi=
zieren habe ich häufig ſehr angenehme Kameraden, welche
dazu wahre Gentlemen waren, gefunden. Sowohl in der
Krim, in China, in Oſtindien und dann jetzt auf dieſer
Fahrt nach Mexiko, verbrachte ich gar manche fröhliche Stun=
den mit dieſen engliſchen Kameraden und leerte gar viele
Gläſer des beſten Weines mit ihnen. Wenn man ein Jahr
vor Sebaſtopol gefochten und dort viel mit Engländern ver=
kehrt hat, findet man faſt in allen engliſchen Regimentern
alte Kriegsgefährten aus jener in der Gegenwart ſo beſchwer=
lichen, in der Erinnerung aber ſo ſchönen Zeit. So fand
ich denn auch jetzt auf dieſem Dampfer zwei engliſche Land=
und einen Marineoffizier, mit welchen ich zuſammen bei der
Belagerung von Sebaſtopol bekannt geworden war. Wir
freuten uns ` dieſer Begegnung nicht wenig, denn eine ge=
meinſame Erinnerung der vergangenen Gefahren und Ent=
behrungen verbindet die Menſchen gar leicht mit einander,
und verplauderten an der ſehr reichlich beſetzten Tafel der
erſten Kajüte gar manche Stunden in der Erzählung unſerer
damaligen Abenteuer, wobei es uns häufig an einem Kreis
aufmerkſamer Zuhörer nicht fehlte.

Auch einen andern Bekannten von Sebaſtopol her, einen
alten engliſchen Hochbootsmann, der jetzt als Steuermann
auf dem Dampfer diente, fand ich ganz unvermuthet wie=
der, und freute mich eben dieſes Zuſammentreffens nicht wenig.

Der Alte, eine ächte englische Theerjacke, diente vor Sebastopol in der sogenannten „Matrosenbatterie", hatte sich einst
auf dem Rückweg von Balaklawa, wo er sich nach der steten
Gewohnheit der englischen Seeleute einen tüchtigen Rausch
angetrunken, verirrt und war im Schnee stecken geblieben.
Er wäre unzweifelhaft erfroren, wenn ich ihn nicht zufällig
gefunden und den schon fast Erstarrten in mein Zelt hätte
tragen lassen. Hier thauten wir ihn denn durch ungeheure
Portionen heißen, starken Grogs, welche er mit einer Begierde
wie ein Kind an der Mutterbrust, hinunterfog, wieder auf,
und ich behielt ihn noch den andern Tag bei mir, wo er
uns Offizieren und auch den Zuaven meiner Kompagnie,
durch seine eigenthümlichen Manieren viel Unterhaltung gewährte. Seit jener Zeit hegte der alte Seehund eine große
Anhänglichkeit für mich, und als ich einmal die englische
Matrosenbatterie besuchte, ward ich von ihm und seinen Kameraden mit einem so lauten dreimaligen Hurrah, daß es
bis zu den Russen hinübergeschallt haben muß, begrüßt, was
mir vielen Spaß machte. Auch jetzt auf dem Dampfer
äußerte der Steuermann eine wahrhaft herzliche Freude, mich
wieder zu sehen und der Druck, mit dem seine breite Pratze
von Hand meine Rechte preßte, war so kräftig, daß mir
förmlich die Finger davon schmerzten. Ich verkehrte häufig
mit dem braven Mann, und da es in unseren sonst zwar
sehr eleganten und äußerst reinlichen Schlafcojen des Nachts
oft so heiß war, daß ich nicht gut schlafen konnte, so besuchte ich ihn auf dem Verdeck, wenn er die nächtliche Wache
hatte, und plauderte manche Stunde mit ihm. So eine

Monbscheinnacht auf dem Meere unter den Tropen ist wirk=
lich mitunter entzückend und schon auf der Fahrt nach China
verschaffte ich mir mitunter die Freude, solche zu genießen.
Und welche belebte Unterhaltung wußte der alte Steuermann,
der an Bord eines Kriegsschiffes geboren, schon als Schiffs=
junge von 1812—15 gegen uns Franzosen gekämpft und
seitdem auf Kriegs= wie Handelsfahrzeugen alle Meere der
Welt unausgesetzt durchkreuzt hatte, zu führen. Welche
Menge von gefährlichen Abenteuern hatte er erlebt und wie
viele interessante Beobachtungen, die er alle in seiner der=
ben kernigen Sprache sehr lebendig zu erzählen verstand,
gemacht.

Wir hatten jedoch während unserer Fahrt nach Havanna
nicht stets heiteres Wetter, sondern wurden auch von dem
stärksten Sturm, den ich jemals auf allen meinen bisherigen
Seereisen erlebt hatte, überfallen. Es war förmlich ein
Orkan, der fast 48 Stunden mit unausgesetzter Kraft an=
hielt. Es war in der That das schaurig=schönste Schauspiel,
welches mein Auge jemals gesehen hat, und wiederholt
glaubte ich, daß unser Schiff von den ungeheuren Wasser=
bergen, die von allen Seiten darauf zustürzten, überfluthet
und unter ihrem Druck in die Tiefe mit hinabgerissen wer=
den müßte. Was ist alles Getobe der heftigsten Schlacht,
und sei solche auch selbst die bei Inkjerman oder bei Sol=
ferino, gegen die Schrecknisse eines derartigen Orkans. Aber
Dank sei es der trefflichen Bauart unseres guten Dampfers
und seinen festen Rippen und mehr noch der kaltblütigen,
umsichtigen Führung des Kapitains, der volle 48 Stunden

seinen Platz auf dem Verdeck auch keinen Augenblick verließ,
und der ruhigen wohlgeübten Matrosen, die unsere Beman=
nung bildeten, wir gingen unversehrt aus all diesem Ge=
stürme hervor. Welch vortreffliche Seeleute die Engländer
sind, lernte ich bei diesem Orkan wieder so recht erkennen.
Es widerstrebt zwar meinem Nationalstolz, allein trotzdem
kann ich doch nicht umhin die Meinung zu hegen, daß auf
dem Meere die Engländer noch stets manche vortreffliche
Eigenschaften besitzen, welche wir Franzosen in dem Grade
leider noch immer nicht haben. Zwar können alle unsere
Kriegsschiffe in ihrer Bauart und Ausrüstung es vollkommen
mit allen englischen aufnehmen, und ich hege zuversichtlich
die Hoffnung, daß die Mannschaft einer französischen Fre=
gatte ebenso muthig sich als Enterer auf ein feindliches Fahr=
zeug stürzen, oder im heftigsten Geschützkampf kaltblütig und
geschickt zielen werde, als eine englische, aber in ihrer Ruhe
während eines Sturmes sind die Engländer uns bisher noch
weit überlegen und werden dies auch wahrscheinlich für
immer bleiben. Welch Gerufe und Kommandiren und un=
nützes Umherlaufen wäre bei einem solchen Orkan nicht an
Bord eines jeden französischen Schiffes entstanden, wie ruhig
und gemessen ging hingegen Alles bei uns zu und wie
schweigend und sicher erfüllten die Matrosen ihre verschiede=
nen höchst schwierigen, ja sogar häufig gefährlichen Obliegen=
heiten. Besonders mein alter Freund, der zweite Steuer=
mann, war in diesen Tagen unübertrefflich. Seine Ruhe
war in der That klassisch und selbst in den gefährlichsten
Augenblicken, wo ich selbst jede Secunde den sicheren Unter=

gang unseres Schiffes erwartete, verzog er keine Muskel seines
wie aus Erz gegossenen Antlitzes.

Nun, wie alles Böse und Gute in dieser Welt, so ging
auch dieser Orkan zuletzt vorüber. Gott Aeolus schien sich
wieder beruhigen zu wollen, und die helle, heiße Tropen=
sonne blitzte bald mit neuer Kraft auf der dunkelblauen,
gleich einem riesigen Spiegel so glatten Fläche des Oceans.
Wie dies häufig nach heftigen Orkanen unter den südlichen
Himmelsstrichen der Fall ist, so trat jetzt eine völlige Wind=
stille ein und nur des Dampfes gewaltige Kraft bewegte
unser Fahrzeug noch vorwärts. Gerade bei diesen oft mehrere
Tage ununterbrochen anhaltenden Windstillen, lernt man die
große Erfindung der Dampfschifffahrt erst so recht in ihrem
vollen Umfange schätzen; bei gutem Segelwinde ist es sonst
fast angenehmer auf einem schnellen Segelschiff, dessen Be=
wegungen ruhiger wie die eines Dampfers sind, zu fahren.
Mit guter Fahrt langten wir denn auch in Havanna
an, wo sich unsere bisherige Tafelrunde auflöste, da die ein=
zelnen Offiziere von hier nach ihren verschiedenen Bestim=
mungsorten abgingen. Noch ein fröhliches Abschiedsbankett
ward mit einer vortrefflichen Bowle, die durch den Saft der
frischen Ananasse, welche uns ein mit Negern bemanntes
Boot schon auf der Rhede hinausgebracht hatte, einen unüber=
trefflichen aromatischen Wohlgeschmack erhielt, gefeiert, dann
ein herzlicher Händebruck und „farewel — vielleicht for
ever" hieß es. Wer weiß, ob und wo ich alle diese ver=
schiedenen englischen Offiziere in diesem Erdenleben wieder=
sehen werde, und ob unsere nächste Begegnung nicht als

Feinde im heißen Kampfe auf blutigem Schlachtfelde statt-
finden wird. Parbleu, dies wäre prächtig, denn ein recht
heftiger Krieg gegen England würde für uns französische
Offiziere ein ungemein erwünschtes Ereigniß sein.

Die Stadt Havanna hat eine ungemein schöne Lage und
die Insel Cuba, so weit ich sie kennen lernte, muß an Frucht-
barkeit des Bodens und Reichthum ihrer Erzeugnisse, eine
überaus werthvolle Besitzung sein. Die Pracht und Ueppig-
keit der Vegetation in den Tropen lernte ich hier erst so
recht erkennen, und Italien, Algerien und China können sich
hierin nicht im Mindesten mit dieser Insel vergleichen. Ich
kann mir wohl denken, daß die Raubgelüste der Nordamerikaner, dieses frechsten, unverschämtesten und alles Recht ver-
spottenden Volkes, welches die Erde trägt, nach dem Besitz
von Cuba sehr groß sind, und somit unter nordamerikani-
schem Schutze schon wiederholt Flibustier-Expeditionen zu dessen
Eroberung ausgerüstet wurden. Nun die Spanier haben
dies Raubgesindel, wenn sie solches in ihre Gewalt bekamen,
auch behandelt wie es dies verdiente, nämlich ohne Weiteres aufgeknüpft und trotz aller ihrer Prahlereien wagten die
nordamerikanischen Präsidenten es doch nicht, den offenen
Krieg deßhalb an Spanien zu erklären. Gegenwärtig, da
die nordamerikanische Union dem längst verdienten Schicksal
anheim gefallen ist, sich selbst im wilden brudermörderischen
Kampfe zu zerfleischen und in zwar sehr blutigen und tapfer
gekämpften, aber unglaublich ungeschickt geführten Schlachten
Hunderttausende von Soldaten hinzuopfern, ohne daß irgend
wie noch die minbeste Entscheidung erzielt wurde, ist wohl

an diese Eroberung Cuba's durch die Nordamerikaner gar nicht zu denken und Spanien ist sicherer denn je in dem Besitz dieser werthvollen Insel, welche mit Recht „die Perle der Antillen" genannt wird.

Um mich auf Cuba näher umzusehen, was ich sehr gerne gethan hätte, fehlte es mir an Zeit, denn es drängte mich gewaltig, das nächste französische Schiff, welches nach Vera-Cruz fuhr, zu besteigen. Von einem reichen spanischen Pflanzer, an den ich empfohlen war und auf dessen wundervoll gelegener und auf das Reichste eingerichteten Pflanzung ich in sehr angenehmer Gesellschaft einen überaus vergnügten Tag verlebte, erhielt ich ein Kistchen mit 200 der besten Cigarren zum Geschenk. Welch ungemein edles Erzeugniß eine wahrhaft ächte, nur aus den besten Tabaksblättern auf der Pflanzung selbst erzeugte Havanna-Cigarre ist, lernte ich jetzt erst in vollem Umfange erkennen und würdigen. Welch elende Glimmstengel sind die besten sogenannten „importirten Havanna-Cigarren", das Stück zu einem Frank im ersten Tabaksladen zu Paris, gegen diese Cigarren, welche die reichen Pflanzer aus den feinsten sorgfältig ausgesuchtesten Blättern ihrer Plantagen, nur zu dem Zwecke um solche als werthvollste Geschenke zu verschenken, anfertigen lassen und die niemals in den eigentlichen Handel kommen. Und nun gar Euere angeblichen Havanna-Cigarren in Deutschland, von benen, trotz aller noch so marktschreierischen Ankündigungen, drei Viertel die Insel Cuba nicht gesehen haben, sondern aus rein vaterländischen Blättern, die höchstens mit Virginia- oder Maryland-Tabak vermischt werden, in

Bremen oder Hamburg oder andern Orten angefertigt werden. So eine Havanna=Cigarre, wie ich sie geschenkt erhielt, schmeckt würzig wie das edelste Aroma, duftet lieblich gleich dem größten Rosengarten von Schiras und ihr glücklicher Raucher empfindet gleichen Genuß wie der Bräutigam bei dem ersten Verlobungskuß der geliebten Braut, oder der Zecher bei dem vollen Glase des goldensten und feurigsten Rheinweins, welches ihm der alte wohlgewogene Küfermeister aus dem besten Mutterfäßchen in der hintersten Ecke des Kellers herauszog. Alle edlen Empfindungen, die ein Mensch in seiner Brust nur hegen kann, erwachen mit voller Stärke bei dem beneidenswerthen Raucher einer solchen Cigarre während der glücklichen Stunden, in denen er ihren Dampf in leichten bläulichen Ringeln in die ebene mit Wohlgeruch geschwängerte Luft hinausblasen kann. Man ist so milde und großmüthig gestimmt, als beständen alle Menschen aus unsern Brüdern, die man gerne mit offenen Armen an seine Brust drücken möchte, jedes rachsüchtige Gefühl, selbst gegen den bitterst gehaßten Feind, verstummt und voller Versöhnung ist unser ganzes Wesen. Dabei fühlt man sich muthig gleich einem Löwen und möchte voll Ungestüm sich in den Kampf mit zehntausend Teufeln stürzen, wenn es als Siegespreis solche Cigarren zu erobern gäbe, während wieder inniges Mitleid mit allen Unglücklichen, denen dieser köstliche Genuß für immer versagt blieb, unser Herz erfüllt. Ja was sind die feurigsten Küsse des schönsten Weibes, die vollsten Gläser des edelsten Weines, die schmelzendsten Töne der ersten Primadonna der Welt, und die wol=

lüftigſten Körperſtellungen oder künſtlichſten Beinverrenkungen
der berühmteſten Solotänzerinnen des Mailänder und Pari=
ſer Ballets, gegen das Wohlbehagen, mit dem man eine
ſolche Cigarre raucht. Hunger und Durſt, Ermattung und
Ueberanſtrengung, Kälte und glühender Sonnenbrand, un=
gerechte Vorwürfe dummköpfiger Vorgeſetzter, Aerger und
Zorn über widerſpenſtige oder ungeſchickte Untergebene, grobe
Mahnbriefe unverſchämter Gläubiger, perfide Abſagebriefe
ungetreuer Geliebten, die einen reicheren Liebhaber kapern
zu können hoffen, kurz dies und noch gar manches Andere
vergißt man leicht in jenen wonnevollen Augenblicken, in
denen man eine ſolche edle Cigarre feinſter Sorte zwiſchen
die ſehnſüchtigſt darauf geſpitzten Lippen ſteckt, in vollem Ge=
nuß die erſten kräftigen Züge thut und nun dieſen linden
Rauch in künſtlichen Ringeln wieder in die Luft hinaus bläſt.

Unter vielen andern ſchlechten Eigenſchaften haſt du, mein
alter Freund, auch das Unglück kein Raucher zu ſein und
kannſt alſo die Freude, welche ich über das köſtliche Geſchenk
jener zweihundert edlen Cigarren empfand, wohl kaum be=
greifen. Mit welcher eiferſüchtigen Sorge ich beſonders ſpä=
ter in Mexiko dieſen werthvollen Schatz bewachte, iſt kaum
zu ſchildern. Der verliebteſte Ehemann in Spanien kann
die Treue ſeiner glutäugigen, heiß nach Liebe verlangenden
Gattin nicht ſorgfältiger hüten, als ich meine Cigarrentaſche
gegen die Angriffe meiner Kameraden, die darin — Gott
ſei es geklagt, nur zu oft ein verzweifeltes Gewiſſen haben.
Einigen beſonders auserwählten Freunden gab ich mitunter
als Zeichen meiner höchſten Gunſt eine ſolche Cigarre zu

rauchen und gleich mir schwelgten sie dann in ihrem köst=
lichen Genuß. Auch an einzelne Verwundete oder Soldaten
meines Bataillons, welche sich besonders ausgezeichnet hatten,
schenkte ich als Extra=Belohnung hie und da eine solche Ci=
garre, die dann stets mit großem Danke aufgenommen
wurde. Wie alles Schöne auf dieser Welt leider nur zu
sehr vergänglich ist, so schwand auch der Vorrath meiner
Cigarren von Tage zu Tage immer mehr und mit banger
Sorge konnte ich den Zeitpunkt berechnen, an welchem ich
die letzte davon rauchen würde. Und so kam denn auch die=
ser schmerzliche Augenblick heran, und an dem Tage, an dem
wir zuerst Puebla angriffen und mein Bataillon in Reserve
zurückbleiben mußte, brannte ich auch die letzte dieser Cigar=
ren an und sog noch einmal — ach, zum letzten Mal, ihren
Duft ein. Mit dem Gefühle, womit man die letzten Ueber=
reste eines guten Freundes zur Gruft bestattet, blies ich auch
das letzte Aschenhäuflein dieser Cigarre in die Luft und ein
wehmüthiges „adieu pour toujours“ wollte eben über
meine Lippen bringen, als wir Befehl zum Vormarsch erhiel=
ten. Da war denn freilich Cigarre und alles Andere, was
sonst meine Brust noch erfüllen konnte, vollständig vergessen,
ich war nur der kampflustige französische Offizier, der seinen
Soldaten ein freudiges „en avant mes amis“ zurief.

Außer diesen 200 kostbaren Cigarren erster Sorte, die
wie gesagt niemals in den Handel kommen, sondern von
den reichen Pflanzern nur zu Geschenken an Personen, denen
sie eine besondere Gunst erweisen wollen, verwandt werden,
kaufte ich noch ein Dutzend Kisten zwar minder edler, aber

doch sonst sehr guter Cigarren, in einem mir besonders
empfohlenen Tabaksladen in Havanna ein und nahm solche
theils zum eigenen Gebrauch, theils auch zu Geschenken für
meine Freunde mit. Wie man in der Champagne, wenn
man die besondern Quellen nicht weiß, oft sehr schlechten
Champagner zu trinken bekommt, so auch in Havanna recht
mittelmäßige Cigarren zum Kaufen. Die Insel Cuba erzeugt nicht den dritten Theil aller Cigarren, welche von
Havanna aus exportirt werden, sondern es kommen aus den
südlichen amerikanischen Häfen ganze Schiffsladungen von
angefüllten Cigarrenkisten dort an, erhalten in Havanna ein
Brandzeichen dortiger Fabriken und werden dann als echte
Havanna wieder ausgeführt. Geschieht doch auch ein Gleiches in der Champagne, wo fremder moussirender Wein ein-
geführt wird, um dann als echter Champagner wieder verkauft zu werden. Gute Cigarren sind übrigens in Havanna
selbst fast ebenso theuer als in Europa und besonders auch
in den deutschen Hafenstädten, in denen man die billigsten
und dabei verhältnißmäßig auch preiswürdigsten Cigarren
kauft. Freilich muß man nicht glauben, daß wenn man
Cigarren die Kiste unter 100 Thaler kauft, man dann auch
wirklich echte Havanneser raucht.

Um dies Kapitel über Cigarren zu vervollständigen
und dann für immer abzuschließen, will ich gleich erwäh-
nen, daß man in Mexiko leichte und dabei recht gute Cigarren zu verhältnißmäßig wohlfeilen Preisen kaufen kann.
Der Boden und das Klima in mehreren Theilen des mexikanischen Reiches eignen sich überhaupt vortrefflich zum Ta-

batsbau und nur die grenzenlose Indolenz der dortigen Bewohner verhinderte, daß man solchem bisher die nöthige Sorgfalt widmete. Doch was vermag Mexiko nicht überhaupt Alles zu erzeugen und welchen unerschöpflichen Reichthum der kostbarsten Mineralien und der werthvollsten Produkte des Thier- und Pflanzenreiches liefert dies von der Natur so äußerst reich gesegnete Land, wenn die seit dreißig Jahren schmerzlich entbehrte Ordnung und Ruhe erst einigermaßen wieder hergestellt, die übermäßige, Alles verdummende Herrschaft der Pfaffen gebrochen und die große Indolenz und Faulheit eines nur zu beträchtlichen Theiles der Bevölkerung in Fleiß und Thätigkeit verwandelt ist. Wahrhaftig die ganze Welt muß es dem Kaiser Napoleon danken, daß er uns französische Soldaten hieher sandte, um die bisher herrschende Anarchie zu vernichten und geordnete Zustände herbeizuführen. Zwar weiß ich noch nicht, welchem Herrscher unser Kaiser die mexikanische Krone verleihen wird und ob ein Erzherzog von Oesterreich oder, wie es jetzt heißt, der Prinz Napoleon solche erhalten soll, soviel aber steht fest, daß von unserem Einzug in Mexiko an eine neue Periode für das ganze Land beginnen wird. Wenn nur einige 1000 Mann französische Soldaten noch etwa zehn Jahre in Mexiko bleiben werden, so befestigen sich die Zustände daselbst in dieser Zeit derartig, daß später Gesetz und Ordnung nicht leicht mehr gestört werden können und der neue Kaiser oder König — vorausgesetzt, daß dieser wirklich ein kluger und energischer Mann ist, sich schon mit eigenen Mitteln und ohne fremde Truppen dazu zu bedürfen, wird schützen

können. Der größte Theil aller irgend wie vernünftigen
Mexikaner ist der steten Anarchie, welche fast unausgesetzt
herrschte, seit das Land sich von Spanien losriß und auf
den verrückten Einfall kam, statt einer erblichen Monarchie,
wie dies hätte geschehen müssen, eine sogenannte Republik
zu bilden, herzlich überdrüssig und sehnt sich bringend nach
Ruhe und Ordnung. Jeder ehrgeizige General, der einige
hundert Taugenichtse aufwiegeln kann, versucht eine Revolu-
tion zu machen, um sich wo möglich der Präsidentenwürde
zu bemächtigen, und so ist die letzte 40jährige Geschichte der
Mexikaner fast eine unausgesetzte Reihe geglückter oder auch
mißlungener Revolutionen, von denen die eine immer kläg-
licher als die andere war, und statt des gewissenlosen, ehrgeizigen Abenteurers, der sich für eine Zeit lang der öffent-
lichen Gewalt zu bemächtigen gewußt hatte, dann einen
andern an seine Stelle setzte, der auch um kein Haar besser,
sondern wo möglich nur noch schlechter als sein Vorgänger
war. Auch dieser sogenannte Präsident und Obergeneral
Juarez, der zuletzt die Mexikaner tyrannisiren und für seine
egoistischen Zwecke auspressen wollte, ist nach dem einstim-
migen Urtheil Aller, die ihn genauer kennen, ebenfalls ein
gewissenloser, ehrgeiziger Intriguant, der unter dem Deck-
mantel des sogenanten Liberalismus nur den schmutzigsten
Eigennutz verfolgte und seine egoistischen Pläne mit einem
Schwall liberaler Redensarten zu umgeben wußte. Besteht
die große Mehrzahl unserer vermeintlichen Volksbeglücker
und demokratischen Plänemacher in Europa doch ebenfalls
aus Leuten ähnlichen Schlages.

Tritt nun der neue Erbkaiser von Mexiko all diesem Un=
wesen und Parteigetreibe nur mit der gehörigen Kraft
entgegen, so wird die große Majorität der mexikanischen Be=
völkerung sich ebenfalls wieder ermannen und ihm in diesen
Bemühungen helfend zur Seite stehen. Die Creolen hier,
welche den größten Theil der besitzenden Bevölkerung bilden,
haben im Allgemeinen manche gute Eigenschaften und sind
auch nicht schwer zu regieren, nur bedarf die große Indolenz,
in welche sie gar leicht verfallen, eines scharfen Antriebes
und sie müssen Jemanden haben, der ihnen imponirt, wenn
sie ihm willig gehorchen sollen. Allzu weichherzig darf übri=
gens der neue Herrscher von Mexiko nicht sein, denn seine
Milde dürfte ihm dann gar leicht als Schwäche ausgelegt
werden, ihren Zweck dadurch gänzlich verfehlen und nur die
politischen Intriguanten zu neuen Umtrieben ermuthigen,
deren Unterdrückung zuletzt dann mehr Blut kosten würde,
als wenn man gleich anfänglich mit der gehörigen Energie
dagegen eingeschritten wäre. So darf es ihm nicht darauf
ankommen, jeden bewaffneten Revolutionär, der ergriffen
wird, sogleich erschießen zu lassen, alle Revolutionsversuche
ohne Weiteres mit dem Tode oder doch Vermögensconfisca=
tion und lebenslänglicher Verbannung zu bestrafen und gegen
etwaige feindliche Haufen sogleich die Kartätschensalven ganz
gehörig zu gebrauchen. Sind diese Beispiele nur erst einige=
mal ganz rücksichtslos geschehen, so schrecken sie alle andern
Unruhestifter von derartigen Versuchen sicherlich ab, denn
allzu große Tollkühnheit oder gar Selbstaufopferung gehören
gerade nicht zu den hervorragendsten Charaktereigenschaften

der spanischen Creolen auf dem amerikanischen Festlande. Die durch solche politische Ruhe vermehrte Sicherheit des Eigenthums, die seit den letzten 40 Jahren fast gänzlich fehlte, würde ungemein viel dazu beitragen, die eingeborene Bevölkerung zur vermehrten Thätigkeit und zur sorgfältigen rationellen Benützung der vielfachen Schätze des Bodens an= zuspornen. Ist dabei der Kaiser eben nur vernünftig libe= ral, begünstigt Aufklärung und wissenschaftliche Ausbildung und sorgt für merkantilische, industrielle und agronomische Fortschritte, so wird die Bevölkerung ihm bald sehr ergeben sein und den Tag segnen, an dem sie von dem Unding ihrer sogenannten Republik erlöst wurde, ebenso wie viele Millio= nen von Franzosen es dankbar preisen, daß unser Kaiser Napoleon durch seine kräftige Handlung am 2. December 1851 Frankreich von der Anarchie, die seit 1848 darauf lastete, befreite, und als Retter der bürgerlichen Ordnung des französischen Volkes auftrat.

Daß der Prinz Napoleon durch seine Eigenschaften eine besonders taugliche Persönlichkeit für den mexikanischen Thron sein dürfte, glaube ich nicht, und so wird der Kaiser Napo= leon ihn schwerlich dafür bestimmen. Ich als Franzose könnte es sonst nur wünschen, daß ein französischer Prinz, ein Sproß aus unserem glorreichen Stamm der Napoleoni= den, diesen schönen Thron besteigen und Mexiko somit in die nächste Verbindung mit Frankreich bringen würde. Zwar würden die Engländer darüber grimmig die Zähne fletschen, wenn Mexiko in möglichst nahe Handelsverbindung mit Frankreich träte und die englischen Zeitungen würden nach gewohnter Weise sich in albernen Drohungen ergießen und ihre Spalten mit pöbelhaften Schimpfereien anfüllen. Doch was macht dies wohl im Mindesten aus und nie wird ein vernünftiger Mensch in Frankreich und geschweige nun gar der Kaiser Napoleon, irgend wie welches Gewicht darauf legen, ob England schimpft und droht oder nicht. Wenn sich die Engländer allzu frech gegen uns Franzosen zeigen sollten, so schlagen wir sie verdientermaßen gehörig auf das Maul und eine Landung in London dürfte bei dem jetzigen Bestand der französischen Dampfschiffsflotte gar nicht zu den Unmöglichkeiten gehören. Das wäre doch noch ein glorreicher Krieg; ich glaube wir französische Soldaten würden vor Freude außer uns gerathen, wenn es hieße, daß wir in England landen sollten.

Von dem Erzherzog Maximilian in Oesterreich, dem andern Kronbewerber, dessen Namen bei uns in Mexiko in letzter Zeit sehr viel genannt wurde, hörte ich vor 2 Jahren, als ich auf meiner Rückkehr aus China einige Tage mich in Triest aufhielt, nur Gutes. Er soll thätig, ehrgeizig und für neue großartige Schöpfungen sehr eingenommen sein und so mag es seinem Ehrgeize wohl schmeicheln, daß ihn der Kaiser Napoleon auf den Thron von Mexiko setzen will. Nun, ich will es ihm von Herzen wünschen, daß er sich auf seinem zwar sehr glänzenden, aber doch auch etwas unsichern Sitz behaupten mag und sowohl seine wie auch der Mexikaner Hoffnungen und Wünsche alle in Erfüllung gehen. Doch was geht mich, den französischen Bataillonschef, eigentlich Mexiko und dessen politische Zukunft

weiter viel an. Mir genügt es, daß wir auch dies Land,
wie jedes andere, wohin uns der Kaiser Napoleon befahl,
vollständig eroberten und unsere Fahnen abermals reiche
Siegeslorbeeren erkämpften; alles Uebrige ist und muß
mir auch vollständig gleichgültig sein. Wer als Soldat
Politik treiben und eine besondere politische Meinung haben
will, der sollte nur lieber gleich sein Ehrenkleid, die Uni=
form, ausziehen, denn er wird nur zu oft nicht dafür
passen. So ist meine Ansicht, und ich weiß auch aus Er=
fahrung, mein alter Freund, daß Du sie vollkommen mit
mir theilst.

Von Havanna nach Vera=Cruz fuhr ich mit einem kleinen
französischen Postdampfer. Weder das alte nicht sehr be=
queme Schiff noch die kleinen sehr überfüllten Kajüten, ja
selbst die seemännische Geschicklichkeit der etwas bunt zusam=
mengewürfelten Mannschaft konnten den Vergleich mit dem
großen englischen Packetboot, welches mich von Europa nach
der Insel Cuba gebracht hatte, aushalten und doch war
ich sehr erfreut, als ich wieder unsere schöne Trikolorflagge
über meinem Haupte in den goldig=blauen Himmel hinein=
flattern sah. Wir hatten fast nur französische Offiziere und
Soldaten aller Waffengattungen, die zu ihrem in Mexiko
befindlichen Korps wollten, am Bord, und wo die Krieger
Frankreichs versammelt sind, da wird stets ein lustiges Leben
sein, und man wird singen, lachen und scherzen hören.
Wahrhaftig in ihrer stets unerschöpflich guten Laune, die
sich unter allen Himmelsstrichen der Welt und zu Lande
wie zu Wasser vollkommen gleich bleibt, sind unsere Solda=

ten einzig, und auch schon mit aus diesem Grunde möchte
ich nichts Anderes als französischer Offizier sein, und in
keiner anderen Armee als in der unsrigen dienen. Wie
finster und mürrisch sind dagegen diese englischen Landsoldaten, und wie gerathen sie nur in eine wilde, rohe Lustig-
keit, wenn der Rum in ihre dicken Köpfe steigt.

Daß wir uns jetzt unter den Tropen befanden, zeigte
die immer stärkere Hitze. Besonders in den Mittagsstunden
von 10—4 Uhr brannte die Sonne so glühend auf das
Verdeck herab, daß das Pech zwischen den Fugen der Bretter
zu schmelzen anfing, und kaum unter dem ausgespannten
großen Zelt, auf dessen Leinwand stets mit vollen Eimern
Seewasser gegossen wurde, einiger Schutz zu finden war.
Selbst wir alten „Afrikaner", welche doch schon von den
algerischen Sommerkampagnen her an eine gehörige Hitze
gewöhnt waren, fühlten hier, was eine Tropensonne vermöge. Köstlich jedoch waren die Abendstunden von 5—9 Uhr,
denn alsdann trat sogleich nach sehr kurzer Dämmerung
die nächtliche Dunkelheit ein. Unsere Soldaten, welche von
11—3 Uhr die schattigsten und kühlsten Plätze aufsuchten
und träge umherlagen oder eine lange Siesta hielten, be-
nutzten diese kühleren Abenstunden sogleich, um auf dem
Verdeck zu tanzen oder auch gymnastische Spiele zu treiben.
Ein Sprichwort sagt: „Wer gerne tanzt, dem ist leicht ge-
pfiffen", und so genügten denn auch die Töne eines Sig-
nalhorns, welches ein kleiner, zufällig mit am Bord befind-
licher „Clairon" mit von Eitelkeit erzeugter, unermüdlicher
Ausdauer blies, nur um 20—30 größtentheils bärtige Sol-

baten stunbenlang zum lebhaftesten Tanze anzufeuern. Die=
jenigen von ihnen, welche die Damen bei biefen Tänzen
vorstellten, mußten zur Unterscheidung ein weißes Schnupf=
tuch um ben Arm binben, babei aber auch alle Bewegun=
gen einer Dame nachmachen unb sich überhaupt stets als
solche benehmen. Da immer bie langbärtigsten ober verwettert
ausfehenben Solbaten zu biefen Damenrollen am meisten
ausgefucht wurben, so gewährte ihr Knicken unb Beine=
schwingen unb Kokettiren oft einen so komischen Anblick,
baß wir Offiziere herzlich barüber lachen mußten. Befon=
bers bie Zuaven, von benen wir ein halbes Dutzenb tolle
Burschen bei uns hatten, waren stets bie gefuchtesten Damen.
Bei ben gymnastischen Spielen ging es oft noch weit
toller unb muthwilliger zu. Befonbers beliebt waren bie
Spiele, wo zwei Abtheilungen auf ben Schultern stämmiger
Kameraben huckepack sitzenbe Solbaten mit Plumpfäcken gegen
einanber fochten, ober auch bie Solbaten mit gebeugtem
Rücken beibe Hänbe auf bie Kniee gestützt, sich in einer
langen Reihe hintereinanber aufstellten, unb nun ber Hin=
terste stets über seine Vorbermänner hinausvoltigiren mußte.
Am letzten Abenb vor unferer Einfahrt in Vera=Cruz
nahmen biefe Spiele, bie bis bahin stets ohne sonberliche
Unfälle vor sich gegangen waren, ein trauriges Enbe. Es
hatte sich zwischen einigen gewandten Matrofen, größtentheils
Sübfranzofen, welche am Borb bes Dampfers bienten, unb
einigen Solbaten, welche besonbers gute Gymnastiker waren,
eine Art von Rivalität erzeugt, wer bie besten Körperübun=
gen unb gymnastischen Kunststücke anstellen könnte, bie zwar

für die Zuschauer sehr amüsant war, aber doch leicht un=
angenehme Vorfälle nachher erzeugen konnte. Wäre ich ein am
Bord kommandirender Offizier gewesen, ich hätte diese Wett=
übungen entschieden untersagt, da ich jedoch als bloßer
Passagier reiste, so begnügte ich mich, einzelne Soldaten
zu warnen, sich nicht allzusehr dadurch zu übergroßen Toll=
kühnheiten hinreißen zu lassen. Freilich trafen — wie dies
bei unseren Soldaten in solchen Fällen fast stets geschehen
wird, meine Warnungen nur taube Ohren. So hatten
denn auch ein junger, gewandter Matrose, ein geborener
Nizzarde, und ein bildhübscher Corporal der Chaisseurs, der
bereits die Krimmedaille und ein Ehrenzeichen aus dem
italienischen Feldzug trug, und in seiner Jugend Schornstein=
feger in Paris gewesen war, untereinander um eine Flasche
Rum gewettet, daß der Chaisseur dem Matrosen jedes gym=
nastische Kunststück nachmachen und auch überall in das
Thauwerk nachklettern wolle. Es war eine unsinnige Wette,
die ich gerne untersagt hätte, wenn meine Befehle Gewicht
gehabt hätten; doch die Seeoffiziere ermunterten ihre Ma=
trosen sogar noch dazu, und der den Transport unserer
Landsoldaten kommandirende Hauptmann hatte nicht Energie
genug, kräftig aufzutreten.

Zuerst ging auch die Sache sehr gut, der Chaisseur machte
sogar noch höhere und weitere Sprünge, als der Matrose,
und kletterte diesem überall nach. Zuletzt lief der Matrose
aber auf die äußerste Spitze der längsten Rae, die über
das Verdeck bis auf das Meer hinaus ragte, hinaus und
stellte sich dort die Arme ineinandergeschlungen frei und

ohne Anhalt auf. Ein allgemeiner Jubel der Matrosen be-
lohnte diese Tollkühnheit, worauf der Mensch, so schnell und
gewandt wie eine Katze, am Thauwerk wieder hinunterglitt.
Der Chaisseur=Korporal lief nun ebenfalls auf der Rae ent-
lang, und stellte sich in der gleichen Stellung auf diesen
gefährlichen Standpunkt hin. Kaum hatte er jedoch einige
Sekunden so gestanden, da schlenkerte das Schiff zufällig
ein wenig, er verlor die Balance und stürzte nun kopfüber
von oben herab in das Meer hinein. Ein allgemeiner Schrei
des Schreckens erscholl von sämmtlichen auf dem Verdeck
versammelten Soldaten und Matrosen. Mit Blitzesschnelle
wurde nun dem aus der Tiefe des Meeres wieder auftau-
chenden eine Rettungsboye an einem langen Taue zuge-
worfen. Es gelang ihm, solche zu erfassen und sich daran
so fest zu klammern, daß er nicht untersinken konnte. Schon
ward in Eile ein Boot niedergelassen, wir betrachteten den
Chaisseur als gerettet und ein freudiger Jubel erhob sich
bereits. Plötzlich rief ein Steuermann, der weit vornen im
Bugspriet vorneübergebeugt stand, „Ein Hay, ein Hay —
da kommt er schon mit Gewalt angeschwommen." Entsetzt
richteten sich alle unsere Blicke nach dem bezeichneten Punkt.
Es war nur zu wahr, ein gewiß an 10 Fuß langer Hayfisch, dies schreckliche Ungeheuer des Meeres, kam in Eile
angeschwommen, um seine fette Beute zu erhaschen. Wir
riefen nun dem Schwimmer zu, er möge mit allen Kräften
mit beiden Füßen umher schlagen und Lärm machen, um
dadurch vielleicht den Hay, der sehr feige und alles Geräusch
scheuend sein soll, zu verscheuchen. Der Unglückliche hörte

ober befolgte wenigftens unfere Warnungen nicht. Schon
war das Boot, in dem 4 Matrofen faßen, in das Waffer
hinabgelaffen, und die Ruderer ruderten mit äußerfter Kraft=
anftrengung dem Schwimmenden zu, als plötzlich der Hay
sich auf den Rücken warf, fo daß wir vom Schiffe aus deut=
lich feinen weißen Bauch fchimmern fehen tonnten, und mit
feinem gewaltigen, mit einer Doppelreihe fcharfer Zähne
bewaffneten Rachen nach den Beinen des Schwimmenden
fchnappte. Ein furchtbarer Todesfchrei, wie folchen nur der
größte Schmerz auspreffen tann, ertönte, und das Meer
röthete fich fogleich mit Blut. Als das Boot nun bei der
Boye anlangte und der daran krampfhaft feft angeklam=
merte Oberkörper des Korporals hineingezogen wurde, waren
beide Füße bis über das Knie abgebiffen. Als wären die
Zähne durch die Dampfkraft einer Mafchine getrieben wor=
ben, fo kräftig hatten fie die bicken Schenkelknochen durchge=
biffen, ein Beweis, welche Stärke in feinen Kinnbacken ein
ftarker, ausgewachfener Hay befitzen muß. Kein Raubthier
des Landes, felbft nicht einmal ein Tiger oder der große
fübafrikanifche Löwe, hat eine folche zermalmende Kraft in
feinem Rachen, als ein ausgewachfener Hayfifch. Der un=
glückliche Korporal lebte noch unter großen Schmerzen eine
halbe Stunde, war aber babei von dem ftarken Blutverluft
fo ermattet, daß er nur noch einige wenige, kaum verftänd=
liche Worte ftammeln tonnte. Sein letzter fchwacher Seuf=
zer war „ma patrio". Am Abend fentten wir die ver=
ftümmelte Leiche, die in ein Segeltuch genähet war, woran
eine Kanonentugel befeftigt wurde, unter militärifchen Ehren=

bezeugungen in das Meer. Eine dreimalige Ehrensalve wurde dabei von 12 Soldaten abgefeuert, als Zeichen, daß der Verstorbene in drei Feldzügen für den Ruhm der französischen Waffen gekämpft habe. So starb ein braver Soldat, der allen Gesahren des Krim=, des italienischen und eines algerischen Feldzuges glücklich entgangen war, und der es bei ferneren Kriegen noch hätte bis zum General bringen können, auf eine so traurige Weise in Folge seiner übermüthigen Wette.

Selbst unter den Matrosen und Soldaten herrschte an dem Abend eine gewisse kummervolle Stimmung, und wie von selbst unterblieben alle lärmenden Spiele und gymnastischen Uebungen, ohne daß es nöthig gewesen wäre, sie zu untersagen. Am andern Tage beschäftigte die Erwartung unserer Landung in Vera=Cruz die Gemüther Aller so lebhaft, daß der traurige Eindruck dieses Unglücksfalles dadurch ganz verdrängt wurde. Ein kleiner Unfall an der Maschine unseres Schiffes, der uns zu einigen Stunden Aufenthalt zwang, verzögerte unsere Ankunft noch etwas. Gerade als die goldene Sonne in das tiefblaue, stille, auch von keinen noch so leisen Lüftchen gekräuselte Meer hinuntersank, rief der wachhabende Matelot vom Mastkorbe: „Voyes le fanal de Vera-Cruz. Ein lauter, freudiger Ruf unserer Solda= ten, welche der langen Seereise schon herzlich überbrüssig waren: „vive la France“ beantwortete dieß freudige Sig= nal. Da es zur Landung schon zu spät wurde, so blieb unser Dampfer die Nacht auf der Rhede liegen. Der Ge= danke, morgen früh einen neuen Welttheil zu betreten, in dem wir Alle für den Ruhm unserer Waffen kämpfen, Manche aber auch den Kriegertod finden sollten, versetzte unsere Soldaten in eine so freudige Aufregung, daß während der ganzen Nacht kaum auf dem Schiffe an Schlaf zu denken war. Wir Offiziere opferten gerne die Reste unserer Vorräthe an Wein und Rum, die wir noch von Havanna mitgebracht hatten, um den Soldaten zuletzt noch eine Abschiedsbowle schenken zu können. Behend plaudernd und singend saßen diese in buntem Kreise, alle verschiedenen Waffengattungen, Chaisseurs, Zuaven, Artilleristen, Chaisseurs d'Afrique, Voltigeurs und Grenadiers durcheinander gemischt, um die mächtige Bowle, die aus einem leeren Schiffseimer bestand, und ließen ihre vollstimmigen Lieder in die laue, dunkle Nacht hineinschallen. Der Gesang: „par la voix du canon d'alarme, la France appelle ses enfants. Allons dit le soldat aux airmes" u. s. w. erscholl am häufigsten, zwar ist dies Lied eigentlich republikanischen Ursprunges und uns Soldaten des Kaisers ziemt es gerade nicht, irgendwie nur die mindeste Sympathie für irgend etwas, was an eine Republik erinnert, zu haben, doch hat es eine so schöne, kräftige Melodie, daß ich es stets gerne singen hörte, und auch meinen Zuaven dessen Gesang erlaubte, obgleich manche Regimentskommandeure solches nicht sonderlich mögen. Wenn meine Zuaven auch dies republikanische Lied singen, so sind sie trotzdem, wie dies auch ihre Pflicht und Schuldigkeit ist, durchweg gut kaiserlich gesinnt und wenn es unser Kaiser befiehlt, so werden wir jede Republik mit den Kolben unserer Gewehre zerstampfen. Der

Kapitän unseres Transportdampfers, der wahrscheinlich herz=
lich erfreut war, daß er seiner lebendigen Fracht von un=
ruhigen Soldaten und leicht unzufriedenen Offizieren, die
ihm — wie dies in solchen Fällen stets geschehen wird —
wohl mancherlei Aerger und Verdruß bereitet hatten, am
andern Morgen los wurde, hatte uns Offiziere ebenfalls
noch zu einer letzten Abschiedsbowle eingeladen. Drei See=
und neun Landoffiziere, von denen Jeder zufällig einer an=
deren Waffengattung angehörte, denn die Zuaven, die Li=
nieninfanterie, die Chaisseurs à pied et Chaisseurs d'Afrique, die Artillerie, das Geniekorps, der Generalstab und
die Feldartillerie waren unter uns vertreten, bildeten die
Tafelrunde, die auf dem Hinterdeck um einen mit edlen
Weinen und gut bereiteten Speisen reichbesetzten Tisch saß.
Wir plauderten, lachten, hörten dem Gesang unserer Sol=
daten zu, erzählten uns die verschiedensten merkwürdigsten
Begebenheiten aus unserem Leben, was bei den meisten von
uns ein sehr bewegtes gewesen war, bliesen den Dampf un=
serer westlichen Havanna=Cigarren in die Luft hinaus und
erfreuten uns der milden, förmlich weich sich um unsere
Glieder legenden Seeluft, von dem dunklen Himmel strahlte
in hellem Glanze das prächtige Sternbild des südlichen
Kreuzes herab, ein untrügliches Zeichen, daß wir uns inner=
halb der beiden Wendekreise befanden. Es war eine wun=
dervolle Nacht, Keiner von uns fühlte Neigung, in die
engen, heißen Schlafcoyen hineinzukriechen, und so blieben
wir Alle bis zum hellen Morgen sitzen, wobei dann später
wohl einer oder der andere auf ein halbes Stündlein in einen

leichten Schlummer fiel. Aus der Ferne blickte das Leucht=
feuer vom Molo des Hafens von Vera=Cruz, und auch die
Lichter aus den Fenstern des starken Forts St. Juan de Ulua,
welches in der Kriegsgeschichte Mexiko wiederholt eine be=
deutende Rolle spielte, konnten wir sehen. Von uns neun
Landoffizieren, die wir damals in so froher Stimmung die
letzte Nacht am Bord des Schiffes vor Vera=Cruz verbrach=
ten, sind im Laufe dieses einen Jahres, welches seitdem
verstrich, bereits vier in Mexiko gestorben. Der Artillerie=
Kapitän, ein sehr guter Soldat, ward durch einen Bomben=
splitter vor Puebla so schwer verwundet, daß er einige Tage
darauf starb, der Chaisseurs à pied=Lieutenant blieb beim
Sturm einer Barrikade in Puebla, der Genieoffizier starb
am gelben Fieber, dieser schrecklichen Seuche, die wir Alle
hier ungleich mehr fürchten, als sämmtliche Guerilleras des
mexikanischen Staates, und der Gensdarmerieoffizier ward von
einem Lepero meuchelmörderisch erstochen. Doch was thuts,
das einzelne Familienglück mag durch diese Opfer immer=
hin leiden, im Ganzen aber hat Frankreich stets muthige,
ehrgeizige und gewandte Söhne genug, um die entstandenen
Lücken in unserem Offizierkorps und den Reihen unserer
Soldaten mehr als hinreichend auszufüllen.

Die Sonne war am andern Morgen kaum im Aufgehen
begriffen, so sandte uns der französische Hafenkommandant
von Vera=Cruz, dem wir schon am Abend unsere Ankunft
signalisirt hatten, ein Regierungsboot mit einem Lootsen.
Mit dem hereinbrechenden Tag liefen wir denn auch im
Hafen ein. Wir Alle standen neugierig auf dem Verdeck,

um die verschiedenen Scenerien, die uns umgaben, mit spä=
henden Blicken zu mustern. Zuerst kamen wir bei einigen
großen französischen Kriegsfregatten vorbei, die unser Dampfer
vorschriftsmäßig durch die bestimmte Anzahl von Salut=
schüssen begrüßte, und deren Erwiderung wieder empfing.
Auch die weißen Häuser von Vera=Cruz traten bald so klar
hervor, daß man selbst mit unbewaffnetem Auge ihre Fen=
ster deutlich erkennen konnte. Wer spanische Land= und
Seestädte gesehen hat, wird auf den ersten Blick sogleich
wissen, daß Vera=Cruz nur von den Spaniern und keinem
anderen Volk der Welt gegründet sein kann, denn in seiner
ganzen Anlage wie in der Bauart seiner Häuser, gleicht
es den Seestädten des Mutterlandes so vollkommen, wie
ein Ei dem andern. Auch nichts ist in seinem äußeren
Anblick vorhanden, was es von einer andalusischen Hafen=
stadt unterscheiden könnte.

Von der Cathedrale der Stadt, einem großen, prächti=
gen Gebäude, wie dies fast alle von den Spaniern in
Mexiko erbauten Kirchen sind, schlug es gerade 9 Uhr Mor=
gens, als mein Fuß die Quadern des Molos von Vera=
Cruz und somit einen neuen Welttheil betrat. Ihr Deut=
schen in euren lieben, gemüthlichen deutschen Kleinstaaten
habt unstreitig mancherlei Vortheile vor uns Franzosen vor=
aus, und gar besonders viele Offiziere der einzelnen Kon=
tingente Eurer sogenannten deutschen Bundesarmee (deren
verzwickte und verzwackte Organisation ich, beiläufig gesagt,
niemals zu ergründen vermochte) würden sich sehr bedanken,
mit uns französischen Offizieren zu tauschen. Sie leben un=

gleich ruhiger und behaglicher, können mit weit größerer Ruhe und Behaglichkeit ein treues Weibchen heimführen, dann Kinder erzeugen und erziehen, ihren Hühnerhof besorgen, ihren Kohlgarten pflanzen; sind vor allzuweiten Versetzungen sehr sicher, brauchen sich nicht in diesem oder jenem Feldzug böse Wunden oder aufreibende Krankheiten zu holen, werden bei ihren Paraden, oder wenn es hoch kommt, bequemen Brigademanövern dick und fett, kurz leben herrlich und in Freuden. Eins aber müssen alle diese Herren sicherlich entbehren, und schon um dieses einen Mangels wegen möchte ich nun und nimmermehr Offizier in einem kleinen Kontingente sein, das ist nämlich, die Fahne, der man angehört, in den verschiedensten Ländern hochgeehrt in den Lüften wehen zu sehen, und überall von den frohen Kreisen siegreicher Kameraden jubelnd empfangen zu werden. O, es ist dies ein so schönes, stolzes Gefühl, daß ich solches um nichts in der Welt missen möchte. Und wie oft ward mir nun schon das Glück zu Theil, dies empfinden zu können. Als mein Fuß zuerst den afrikanischen Boden betrat, da fiel mein Blick sogleich auf die Trikolorfahne von der Casba in Algier, und liebe Kameraden, die schon längst als Sieger in der durch französische Tapferkeit eroberten Stadt hausten, begrüßten mich jubelnd. Und als ich 1857 in der Krim bei Balaklava landete, wehten nicht ebenfalls dort siegreich unsere Fahnen, und standen wir nicht als Sieger auf dem fernen Boden Rußlands? Ein Gleiches war 1859 in Genua der Fall, das bei unserer Landung vollkommen einer französischen Garnisonsstadt glich, und ein

Jahr später konnte ich im weitentlegenen China abermals
die siegreiche Fahne Frankreichs erblicken, ein Anblick, der
mir 1862 in Rom dann wieder zu Theil ward. Und nun
1863 das gleiche Schauspiel, die gleiche Freude wieder in
Vera-Cruz, auf amerikanischem Boden. Welch deutscher
Offizier kann wohl solche Freuden genießen, und wiegen
diese für einen ehrgeizigen thatkräftigen Soldaten nicht tau-
sendfach alle die vielen kleinen und großen Leiden und Ent-
behrungen auf, denen wir bei unserem Nomadenleben nur
zu oft ausgesetzt sind? Ich weiß recht gut, daß es sowohl
in Deutschland, als auch bei uns in Frankreich Tausende
und abermals Tausende von Philistern gibt, welche von
all diesem Ruhm und der Ehre nichts wissen wollen, und
lieber im bequemen Ehebette liegen und sich die Nachtmütze
über die Ohren ziehen, als unser Kriegsleben führen möchten — nun, ich freue mich, daß in meinen Adern ein
rascheres, feurigeres Blut fließt, und beneide diese Amphibien wahrlich nicht um ihr Fischblut.

Der Jubel bei uns Allen, als wir bei unserer Landung
in Vera-Cruz sogleich die Trikolorfahne erblickten und von
unseren verschiedenen Kameraden mit lauten Freudensäuße-
rungen empfangen wurden, war so groß, daß wir wie von
selbst in ein freudiges „vive l'empereur" ausbrachen.
Verdankten wir doch der Thatkraft unseres Kaisers allen
diesen Kriegsruhm.

Auf dem Place de Mercade von Vera-Cruz, einem
hübschen, von stattlichen Häusern eingefaßten Platz, empfingen
wir unsere einzelnen Quartierbillets, und die den verschie-

benen Truppentheilen angehörenden Soldaten unseres Trans=
ports wurden getrennt, um sich zu ihren Waffengattungen
zu begeben. Die eigentliche Garnison der Stadt bestand
aus zwei Bataillonen Marineinfanterie, doch waren Detache=
ments von vielen andern Truppentheilen daselbst vorhanden.
So fehlte es denn für mich nicht an Bekannten, und gleich
in den ersten Stunden meiner Ankunft tauschte ich manch
warmen Händedruck mit mehreren Bekannten und Freunden
aus, in den verschiedensten Punkten der Welt hatten wir
uns kennen gelernt und auch zuletzt gesehen. Hier mit dem
einen war ich in St. Cyr zusammengewesen, hatte ihn aber
seit Sebastopol nicht wieder gesehen, da er später ein Com=
mando in Sierra=Leone an der Goldküste von Afrika gehabt,
mit dem andern hatte ich manche beschwerliche Märsche in
Algerien zusammen gemacht, und dann den letzten Scheide=
trunk aus der gemeinsamen Feldflasche am Abend vor der
Schlacht bei Magenta mit ihm gethan. Der Arme war
dort schwerverwundet in die Gefangenschaft der Oesterreicher
gefallen, von diesen aber auch nach seiner Versicherung auf
das Beste behandelt und verpflegt worden, wie er denn
auch das kameradschaftliche Wesen der österreichischen Offi=
ziere ungemein lobte. Durch seine schwere Wunde war aber
der linke Fuß so gekrümmt worden, daß er etwas hinkte,
so daß mein Freund für den activen Feldbienst nicht mehr
brauchbar war, und jetzt als Platzadjutant in Vera=Cruz,
wozu er sich vortrefflich eignete, verwendet wurde. Mit
einem Marineinfanterieoffizier, der mich auch sogleich jubelnd
begrüßte, war ich längere Zeit zusammen in Tientsing am

Pecho=Fluſſe in China in ein und demſelben Quartier ge=
weſen. Meinem Kameraden, der ein wahrer Don Juan war,
hatte ſich dort ein ſehr hübſches, aber unbändig wildes Ma=
layenmädchen zugeſellt. Eines Tages gerieth dieſe über eine
junge Portugieſin, welche meinen Freund beſucht hatte, in
eine ſo eiferſüchtige Wuth, daß ſie mit einem langen Kris
(malayiſcher Dolch) auf den Ungetreuen zuſtürzte, um ihn
zu erſtechen. Glücklicher Weiſe traf ſie in ihrer wilden Auf=
regung ihr Ziel nicht, ſondern ſtieß mit der Klinge durch
den weiten Aermel des chineſiſchen Schlafrocks, welchen der
Offizier trug. Ich war in einer anderen Ecke des Zimmers
gerade mit Zeichnen beſchäftigt geweſen, als dieſe Scene ge=
ſchah, ſprang aber nun ſogleich herzu, wobei ich in der
Eile den Tiſch mit dem Fuß umſtieß, ſo daß die Tuſche
über meine ganzen Zeichnungen floß, und umklammerte die
Wüthende von rückwärts mit beiden Armen. Sie war ſo
in Wuth, daß ſie wie eine Tigerkatze brüllte, und mir wie=
derholt in die Schulter biß. Ihre ſcharfen, perlenweißen
Zähne drangen durch Rock und Hembe durch, und verur=
ſachten mir zwei kleine Bißwunden, die zwar nicht tief aber
ſo ſchmerzlich waren, daß ſie ſich ſo entzündeten, daß ich
eine mehrwöchentliche ärztliche Behandlung deßhalb nöthig
hatte. Wir zwei Offiziere banden nun das wüthende und
ſchreiende Mädchen mit der äußerſten Anſtrengung, um wei=
teren Schaden zu verhüten, und ließen ſie ſpäter mit einem
guten Reiſegeld verſehen, zu Schiff von Tientſing nach Sin=
gapore bringen, von wo aus der Marineinfantericoffizier ſie
mit nach Tientſing gebracht hatte. Solche Malayenmädchen

sind in der Regel ebenso feurig in ihrer Liebe, wie glühend in ihrem Haffe, und auf die Länge hat ein näheres Ver=hältniß mit ihnen sehr viele Unbequemlichkeiten. Diesen Offizier, den ich seit China nicht wieder gesehen hatte, traf ich nun auf der Alameda von Vera=Cruz, und wir freuten uns sehr über dies unerwartete Wiedersehen. Seiner Ge=wohnheit nach führte er auch hier wieder ein wahres Don Juan=Leben, und hatte der zärtlichen Verhältnisse mit hüb=schen Creolinen schon manche. Schon gleich am ersten Abend weihte er mich in die galanten Mysterien von Vera=Cruz ein. (Es folgen jetzt längere Stellen, die zwar sehr pikant sind, welche ich aber absichtlich weglasse, da mir solche für die Augen etwaiger jugendlicher Leser oder gar schöner Le=serinnen nicht sonderlich geeignet erscheinen. Der Heraus=geber.)

Als wir in Vera=Cruz landeten, hatte das gelbe Fieber fast gänzlich aufgehört, früher aber schon längere Zeit stark gewüthet, und leider nur zu zahlreiche Opfer unter der französischen Garnison gefordert. Diese „Tierra calierte", wie der heiße, niedere Küstenstrich von Mexiko so bezeichnet wird, ist während der warmen Jahreszeit eine ungemein ungesunde Gegend, in der schon Tausende von Europäern sich ihren Tod geholt haben. Wen nicht ganz unerläßliche Pflichten in diesen niederen, heißen Hafenstädten zurück=halten, der fliehet solche während der 3—4 ungesunden Monate auf das Eiligste und verbringt diese Zeit in der „Tierra templada", oder gemäßigten Bergzone, welche schon einige Meilen hinter Vera=Cruz aufzusteigen beginnt. Frei=

lich mancher Kaufmann, Handwerker, Seemann und jetzt auch Soldat, muß nothgedrungen während der Fieberzeit in Vera-Cruz oder in irgend einer anderen heißen Küstenstadt zurückbleiben, und da fehlt es denn nicht an traurigen Opfern. Ungleich mehr als durch die Schwerter und Kugeln der Mexikaner haben wir während dieses Feldzuges bereits durch das gelbe Fieber Soldaten verloren, und gar mancher brave Krieger, der allen Gefahren unserer bisherigen Feldzüge getrotzt und voll heiteren Muthes „la belle France", sein geliebtes Vaterland verlassen hatte, fiel hier den meuchlerischen Angriffen des gelben Fiebers. Wo diese Plage des Südens arg haust, da ist sie eine ungleich schrecklichere Geißel als selbst die Cholera, da sie mehr Opfer als diese fordert. Selbst die stärksten Constitutionen unterliegen solcher, und gesunde, wie die Eichen so kräftige Männer, die am Abend vielleicht noch frisch und munter sich fühlten, sind am nächsten Morgen schon eine Leiche. Die ersten Symptome des Fiebers sind gewöhnlich starkes Kopfweh und große Schwere in den Gliedern, so daß der Erkrankte vor Mattigkeit zusammenbricht. Bald wird das Gesicht gelb und immer gelber, und selbst das Weiße im Auge und die Nägel nehmen diese Farbe an, je mehr die Galle in das Blut tritt. Ein furchtbarer Durst, ein häufiges Erbrechen und eine heftige Aufregung, die sich öfters sogar bis zur Raserei steigert, zeigen sich im ferneren Verlauf der Krankheit, worauf dann gewöhnlich bald der Tod eintritt und den Unglücklichen von seinen ferneren Leiden erlöst. Als einziges Rettungsmittel bei einem vom gelben Fieber befallenen Kranken dienen starke Aberlasse und dann das Eingeben von Chinin. Manche genesen zwar von dieser Krankheit und werden allmählig wieder ganz gesund, obgleich sie gewöhnlich monatelang an den üblen Nachwehen zu leiden haben, und so geschwächt werden, daß sie zu keinem Kriegsdienst tauglich sind, noch mehr aber unterliegen. Der Kirchhof von Vera-Cruz birgt schon gar manche Söhne Frankreichs als Opfer. Muß ein Europäer während der heißen Jahreszeit in einer ungesunden Fiebergegend verweilen, so kann ihn nur die äußerste Vorsicht einigermaßen schützen. Er muß es sorgfältig vermeiden, während der heißen Mittagsstunden von 11—3 Uhr, und dann auch in den späteren Abendstunden nach 10 Uhr, wo häufig ein starker Thau fällt, im Freien zu sein, und kann eigentlich nur des Morgens von 6—10 Uhr und des Abends von halb 4—8 Uhr sich draußen aufhalten. Jede Erkältung, die nur zu leicht zum gelben Fieber führen kann, ist sorgfältig zu vermeiden. Ebenso sind Diätfehler fast stets von den allerschäblichsten Folgen. Die herrlichen Früchte der Tropen, diese riesigen, aromatischen Ananasse, Orangen, Feigen, Melonen, Bananen, Agaven u. s. w., die so wohlfeil sind, daß man für ein Paar Sous ganze Massen davon bekommt, verführen die unerfahrenen Europäer nur zu leicht zu übermäßigen Genüssen darin, die fast stets von den übelsten Folgen sind. Ebenso ist das viele Trinken von spirituosen Getränken äußerst gefährlich, und ein Rausch kann häufig die tödtlichsten Folgen haben. Die englischen Matrosen und Soldaten, die es nun einmal nicht lassen

können, sich, sobald sie Geld haben, in Rum voll und trun=
ken zu saufen, fallen deßhalb in Westindien und den Küsten=
gegenden von Südamerika wie die Fliegen dem gelben
Fieber zum Opfer. Die beste Diät ist, des Morgens eine
Tasse heißen, schwarzen Kaffees mit einem kleinen, gut aus=
gebackenen Weizenbrod zu genießen, des Mittags um 11 Uhr
eine leichte Mahlzeit von einem oder einigen gebratenen
Fleischgerichten nebst gekochtem Gemüse und dazu eine halbe
Flasche Wein oder ein Glas bitteren Schnaps und des
Abends Chokolade und ebenfalls einige leichte Mehlspeisen.
Unsere Soldaten hier erhalten Kaffee, gebratenes Ochsen=
fleisch und alle Tage ein Glas auf Chinin abgezogenen
Branntwein, und diese Diät bekommt ihnen vortrefflich.
Uebrigens ist das gelbe Fieber sehr ansteckend, und ich will
lieber mit Cholerakranken, ja selbst mit Pestkranken in Be=
rührung kommen, als mit den vom gelben Fieber Befalle=
nen verkehren. Besonders die vom Schweiße der Fieber=
kranken feuchten Kleidungsstücke verbreiten die Ansteckung
auf eine fürchtbare Weise. In den höheren Gegenden Me=
xikos kommt das gelbe Fieber niemals vor, und wenn es
selbst durch Ansteckung dahin verschleppt wird, erlischt es
alsbald wieder. So viel von dieser Landplage der „Tierra
caliente" des mexikanischen Staates.

Merkwürdig ist, daß die Neger nur in den allerwüste=
sten Fällen vom gelben Fieber befallen werden. So viel
wie möglich hat man daher für alle militärischen Zwecke
in Vera=Cruz Neger aus Algerien und dann aus unseren
westindischen Kolonien Martinique und Gouabeloupe, die

sich hinsichtlich ihrer Körperconstitution vortrefflich dazu eig=
neten, verwandt. Um aber noch mehr Negertruppen für
den dortigen Garnisonsdienst zur Verfügung zu haben,
mußte unser Kaiser Napoleon in seiner umfassenden Sorge
für das Wohl der Armee den Vicekönig von Aegypten zu
bewegen, daß er ihm gegen Geld und gute Besoldung zwei
Negerbataillone während der Dauer dieses Feldzuges über=
ließ. Gewisse liberale Journale in Frankreich und andern
Ländern haben diese Maßregel zu tadeln und als eine Art
von Sclavenhandel darzustellen gesucht. Es ist dies ein so
unverständiges, jeden Grund entbehrendes Geschwätz, wie
solches die Oppositionszeitungen, wenn sie sich erkühnen,
über militärische Maßregeln aburtheilen zu wollen, nur zu
oft führen. Alle diese von Aegypten uns überlassenen Ne=
gersoldaten befinden sich jetzt ungleich besser, und werden
höher besoldet, gesunder genährt, bequemer gekleidet und
humaner behandelt, als sie dies in ihrem Vaterlande jemals
gewohnt gewesen sind. Sie priesen ihren jetzigen Dienst im
französischen Heere als die glücklichste Zeit ihres Lebens,
haben gar keine Neigung, jemals wieder nach Aegypten zu=
rückzukehren, und wollen für immer gerne in Vera=Cruz
bleiben, wo sie eigentlich wenig zu thun haben, und auch
weiter nicht den mindesten kriegerischen Gefahren ausge=
setzt sind.

Da ich einige Tage in Geschäften in Vera=Cruz ver=
weilen mußte, obgleich mich meine Ungeduld sehr nach Ori=
zaba drängte, wo das Bataillon, dessen Führung ich über=
nehmen sollte, in Garnison stand, so erhielt ich mein Ein=

quartirungsbillet auf das Haus eines wohlhabenden Creo=
len, welches in einer nach dem Mercade=Platz führenden
Straße lag. Das äußere Aussehen des Gebäudes war
nicht gerade sehr einladend. Nur eine hohe, weiße, nicht
sonderlich reingehaltene, ganz fensterlose Wand mit einem
großen, fest verschlossenen Thorweg war auf der Straße zu
sehen. Es sah in der That ganz wie eines dieser Häuser
der Muhamedaner in Algerien aus, über deren ödes, todtes
Aussehen ich mich früher so oft gewundert habe. Nach
mehrmaligem vergeblichem Läuten mit einer Glocke öffnete
sich endlich der Thorweg, und ein alter Mestice, der die
Stelle eines Haushofmeisters zu vertreten schien, empfing
mich mit der großen Höflichkeit, welche alle Stände ohne
Ausnahme in Mexiko sowohl unter sich, wie auch in ihrem
Verkehr mit den Fremden beobachten. Das Kostüm des
Alten war ein ganz eigenthümliches. Er trug einen langen,
himmelblauen Livreefrack, so dicht mit schweren, echt silber=
nen Borten besetzt, daß er gewiß für einige hundert Thaler
Silberwerth auf dem Leib hatte. Dabei war aber das Tuch
des Fracks gewiß seit Wochen nicht ausgebürstet, und aus
dem zerrissenen Ellenbogen sah ein Hemd von ungemein
zweifelhafter Reinlichkeit hervor. Grobe, graue, weite Pan=
talons von ungebleichtem Baumwollenzeug und plumpe
Sandalenschuhe von braunem Ochsenleder bildeten einen
scharfen Contrast gegen diese silbergeschmückte Livree. Da
ich noch ein Neuling im mexikanischen Leben war, so er=
staunte ich über diesen grellen Gegensatz von Pracht und
Schmutz, Verschwendung und Geiz, Glanz und Unordnung

in der Erscheinung dieses alten Haushofmeisters: nach einem
Aufenthalt von einigen Wochen hieselbst hatte ich sie ganz
natürlich gefunden. Nirgends wohl in der Welt tritt Reich=
thum und wieder Aermlichkeit, Prachtliebe und Schmutz,
Verschwendung und Geiz so dicht neben einander und findet
sich nicht allein in der Kleidung, sondern auch in der
Hauseinrichtung, dem Mobiliar, den Equipagen, kurz in
Allem und Jedem vereinigt, als gerade in Mexiko. Eine
vollkommene Uebereinstimmung, ein gut zu einander Passen
habe ich hier fast nirgends, in keinem Hause und bei keiner
einzigen mexikanischen Familie gefunden, sondern irgend eine
auffällige Disharmonie macht sich gleich auf den ersten Blick
bemerkbar. Wie ganz anders ist es hierin in England,
und auch, wenn freilich nicht in gleich hohem Grade, bei
Euch in Deutschland. Ich mag zwar im Uebrigen die Eng=
länder grundsätzlich nicht leiden, aber den Vorzug, daß sie
es mit meisterhafter Geschicklichkeit verstehen, ihre Hausein=
richtung, ihren Anzug und gar vor Allem ihre Equipagen
in vollkommene Uebereinstimmung zu bringen, kann man
ihnen nicht absprechen. Wirklich bequem und comfortable
kann man nur in einem englischen Hause wohnen.

Der alte mexikanische Haushofmeister in seiner durch=
löcherten, silberbordirten Livree empfing mich mit wahrhaft
vornehmer Höflichkeit und einem Anstande, den ich nur
allen Euren deutschen Kammerherren, die darin nur zu oft
gar Vieles vermissen lassen, wünschen möchte. Ich reichte
ihm mein Quartierbillet, er besah solches genau, und als
ich ihn nun in meiner schlechten spanischen Sprache, die ich

einst von einer schönen Andalusierin, welche in Oran einige
Monate meine Geliebte gewesen war, gelernt hatte, bat, mir
mein Zimmer anzuweisen, sagte er in dem artigen merifanischen
Tone: „con muchissimo gusto sennor" (mit dem größten
Vergnügen, mein Herr), öffnete den Thorflügel scharenweit
und lud mich dann durch eine sehr würdevolle Handbewe=
gung ein, ihm zu folgen. Schon der Hof, in den wir jetzt
eintraten, gewährte einen ganz anderen Anblick, als die
Außenseite des Hauses. Er war mit Marmorquadern ge=
pflastert und eine lustige plätschernde Fontaine ließ ihr
Wasser in ein großes, mit Sculpturarbeit verziertes Mar=
morbassin fallen. Sehr schöne, hochstämmige Orangenbäume
in mächtigen Kübeln, deren dunkles Laub fast von den
reichen Blüthen, die sie trugen, weiß bedeckt war, standen
neben andern tropischen Gewächsen um dies Bassin, und
ihr Blüthenduft erfüllte fast den ganzen Hofraum mit so
aromatischen Wohlgerüchen, daß es für meine Geruchs=
nerven beinahe zu stark wurde. Alle Fenster des weitläuf=
tigen, niederen, nur 1 1/2 Stock hohen Wohnhauses hatten
keine Glasscheiben, sondern dichte, grüne Jalousien zum
Schuß gegen die Sonnenstrahlen und außerdem noch grüne
Fliegennetze, wie man solche in Deutschland häufig als Vor=
setzer bei Parterrewohnungen gebraucht.

Mit diesem Marmorboden und der sonstigen Pracht des
Hofes contrastirte es sehr, daß gewiß seit Wochen hier nicht
mehr gekehrt war, und Orangenschalen, Bohnenhülsen und
andere Abfälle der Küche zu hohen Haufen aufgeschichtet um=
herlagen. Durch eine hohe, kühle, halbdunkle Halle führte

der Haushofmeister mich nun in das mir bestimmte Zimmer und ließ mich mit artiger Verbeugung darin eintreten. Nur in Mexiko kann man ein solch eigenthümliches Gemisch von Einfachheit und Reichthum, Glanz und Unordnung finden, als das Zimmer zeigte. Der Fußboden bestand aus kleinen, bunten Ziegelsteinen, und war hin und wieder mit künstlich geflochtenen Strohmatten bedeckt, schien aber die Wohlthat eines tüchtigen Kehrbesens seit längerer Zeit nicht empfunden zu haben. Die Wände waren weiß angestrichen und ebenso die Decke, doch schimmerte diese weiße Farbe ersichtlich schon in verschiedenen grauen Schattirungen, wie denn auch einige Spinnen sehr gemüthlich in den Ecken ihre großen Netze ausgesponnen hatten, ohne jemals eine Störung befürchten zu müssen. Die Ausmöblirung des großen, hohen, mit drei Fenstern nach dem Hofe gehenden Gemaches war ungemein einfach und bestand nur aus einem Waschtisch, einem anderen Tisch in der Mitte, aus einfachem, unangestrichenem, weichem Holz, roh gezimmert und drei bis vier schlechten Rohrstühlen. Von Kommoden, Schränken, oder gar einem Sopha war nichts zu erblicken. In einer Ecke stand die Bettstelle, welche aus einer zwischen vier hohen Pfosten ausgespannten Ochsenhaut bestand. Später ward eine harte Matratze und ein Kopfpolster mit einer Leinwand überzogen, darauf gelegt, während eine bunte mexikanische „Tarape" (mexikanische Decke) zum Zudecken diente. Auch Musquito-Vorhänge verschaffte mir die Sorgfalt des alten Haushofmeisters. Von dieser fast ärmlichen Einfachheit stach aber das schwere Silbergeschirr von massivem Silber auf dem

Waschtisch von Tannenholz, und der Nachttopf von Silber
unter der Ochsenhaut des Bettes ungemein ab. Auch der
Rahmen des alten Spiegels, der im Zimmer hing, war
start mit massiven Silberverzierungen geschmückt, das Glas
hingegen halb erblindet und so schlecht geschliffen, daß es
mein Gesicht immer als ein schiefverzogenes Zerrbild
zeigte, wenn ich hineinblickte. Zur Eitelkeit konnte einen
dieser Spiegel wahrlich nicht verführen. Das kleine Becken
zum Weihwasser unter dem Heiligenbild gleich an der Stu=
benthüre war ebenfalls von Silber, wie mir denn auch am
Abend ein Diener zwei hohe, massiv=silberne Leuchter von
alterthümlich getriebener Arbeit in das Zimmer setzte. Von
diesem Reichthum an massiven Zimmergeräthschaften, welche
man in den Häusern alter, reicher, mexikanischer Familien
trifft, wird man sich keinen Begriff machen können. Das
meiste Geschirr, was man bei uns von Glas oder Porcellan
findet, ist hier von massivem Silber, und silberne Teller
und Schüsseln auf dem Mittagstisch gehören gar nicht zu
den Seltenheiten. Freilich esse ich lieber von einem hüb=
schen, gut gereinigten Porcellanservice und trinke aus saubereren
Crystallgläsern, als aus diesen schweren Silberschüsseln und
Trinkbechern hier in Mexiko, deren Reinlichkeit dann oft nur
zu viel zu wünschen übrig läßt.

Da ich meinen eigenen Bedienten erst bei meinem Ba=
taillon in Orizaba empfing, so hatte mir mein Freund, der
Marineoffizier, seinen Bedienten, einen raschen, gewandten
Mulatten von der Insel Martinique gebürtig, gesandt. Mit
dessen Hülfe packte ich meinen Koffer aus und versetzte mich

überhaupt in einen besseren Anzug, als ich auf der Seereise
getragen. Ich war noch damit beschäftigt, als mir ein
Diener des Hauses, der seiner schwarzbraunen Hautfarbe
nach ebenfalls mehr afrikanisches als europäisches Blut in
seinen Adern zu haben schien, und dabei äußerst schlampig
gekleidet war, auf einem silbernen Präsentirteller vortrefflich
zubereitete Chokolade nebst einigen kleinen Maiskuchen (tortillas genannt) brachte. Sodann theilte er mir mit, daß
die Sennorita des Hauses in einer halben Stunde bereit
sein werde, meinen Besuch zu empfangen. Der Sennor sei
aber schon am frühen Morgen auf eine benachbarte Hacienda gefahren und werde erst am späten Abend wieder
heimkehren. Nun, ich will es nur gestehen, daß meine Eitelkeit mich gewaltig kitzelte, einen möglichst vortheilhaften Eindruck auf diese erste Repräsentation der Damenwelt Mexikos,
welche mein Auge erblicken sollte, zu machen. So zog ich
denn meine beste Uniform an, salbte meinen Schnurrbart
mit der doppelten Portion der besten Pariser Bartwichse,
goß ein halbes Flacon Eau de Cologne in mein Taschen-
tuch, kurz, putzte mich wie ein junger Lieutenant, der so
eben aus der Schule von St. Cyr entlassen, den ersten Ball
besuchen will, heraus. Selbst die Spielerei eines päpstlichen
Ordens, den ich, ich weiß in der That nicht wofür, einst
erhalten habe, und sonst niemals trage, da mir alle solche
für nichts und wieder nichts, oder für eine bloße Parade
verliehenen Orden zu lächerlich und den Spott herausfor-
dernd vorkommen, legte ich heute an, da ich gehört hatte,
daß die Mexikanerinnen alle gute Katholikinnen seien und

ich somit glaubte, ein päpstlicher Orden würde in ihren
Augen Bedeutung haben. Ich mußte eigentlich über meine
Eitelkeit selbst lachen, als ich mich in dieser Weise heraus=
geputzt im Spiegel mit meinem darin schief erscheinenden
Gesichte erblickte. Mit meinen 42 Jahren hätte ich wohl
eigentlich schon vernünftiger sein können.

Gegen 12 Uhr erschien denn wieder der alte Haushof=
meister, um mich zu der Sennorita des Hauses zu führen.
Ein Anblick, den ich niemals wieder vergessen werde, und
sollte ich auch Methusalahs Alter erreichen, bot sich mir dar,
als ich in das Gemach geführt wurde. Auf einer Schau=
kelmatte ruhte nämlich in halb liegender, halb sitzender Stel=
lung eine Dame, deren Alter wohl zwischen 40—50 Jahre
betragen mochte. Sie war so dick und aufgegangen wie
ein fettgemästeter Truthahn, und schien körperlich so bequem
zu sein, daß sie kaum einige Schritte gehen konnte. In
ihrer Jugend war sie vielleicht recht hübsch gewesen, und
ihre dunklen, feurigen, vielverlangenden Augen, wie auch
ihr glänzend schwarzes, reiches Haar hätte selbst der größ=
ten Schönheit zur Zierde gereicht, jetzt aber mit ihrer Stärke
und ihrer gelbbraunen Hautfarbe bot sie einen nichts weni=
ger als verlockenden Anblick dar. Dabei war diese dicke,
watschelige, pumpelige Dame mit einem ziegelrothen Seiden=
kleide, vornen am Halse tief ausgeschnitten, daß man ihre
Chimborassos von Brüsten, die weit hervorquollen, bequem
sehen konnte, und über und über mit allen möglichen bun=
ten Bändern, Franzen und Volants besetzt, bekleidet. An
Schmucksachen aller Art trug sie fast einen halben Juwe=

lierlaben an sich, um ihre dicken, kurzen Arme waren min=
bestens ein halbes Dutzend goldener Armbänder, eins immer
schwerer und massiver als das andere, befestigt, und um
den kurzen, gelben Speckhals prangte eine Schnur kostbarer
Perlen, welche selbst von unserer schönen Kaiserin Eugenie
nicht verschmähet sein würde. Ich hatte in der That die
äußerste Mühe, das Lachen zu verbeißen, und nicht in ein
unanständiges Gelächter herauszuplatzen, als ich mich dieser
dicken Sennorita in angemessenen Schritten nähern mußte,
und ihr mit allen möglichen höflichen spanischen Redensar=
ten versicherte, wie sehr ich die Ehre und das Glück zu
schätzen wisse, daß ich in ihrem edlen und gastfreien Hause
einquartirt sei.

Die gute Dame erhob sich nun aus ihrer Hängmatte,
und sagte mir mit der schrillenden, metallosen Stimme, welche
man bei den Creolinnen sehr häufig findet, und die mir
selbst bei den jungen, schönen Damen mitunter einen so un=
angenehmen Eindruck macht, daß auch sie hoch erfreut sei,
mich als Einquartirung bei ihr zu erblicken. Auf ihren
Wunsch nahm ich nun auf einem Binsenstuhl, der neben
ihrer Schaukelmatte stand, Platz, und unsere nichtssagende
Conversation begann. Zuerst aber rollte die Sennorita mit
einer Geschicklichkeit, welche ich ihren dicken, kurzen, über
und über mit Ringen bedeckten Fingern gar nicht zugetraut
hätte, zwei Papier-Cigarros, und bot mir eine dar, während
sie die andere zwischen ihre wulstigen Lippen steckte. Ein
höchst üppig gewachsenes, junges Negermädchen in einer
bunten, leider aber nicht allzureinlichen und dabei so losen,

und oben und unten so kurzen Kleidung, daß man ihre
meisten Reize sehen konnte und nicht blos zu errathen
brauchte, reichte uns zum Anzünden der Cigarretten ein auf
silbernem Leuchter stehendes Wachslicht. Während ich mich
nun mit der Sennorita unterhielt, schaukelte sich diese in
ihrer Schaukelmatte so ungenirt fort, und ließ dabei ihre
Füße so zwanglos heraushängen, daß meine profanen
Blicke ganz gut die Silberschnallen an ihren Strumpfbän=
dern sehen konnte. Die Füße waren übrigens für eine so
starke Person auffallend klein und zierlich und sehr elegant
mit seidenen Strümpfen und Atlasschuhen chaussirt, die Wa=
den aber von einer Stärke, daß die stämmigste Viehmagd in
der Normandie stolz darauf gewesen wäre. Während der wei=
teren Unterhaltung mit dieser dicken Dame trat ihre Nai=
vität, aber auch ihre grenzenlose Unwissenheit und Neugierde
so scharf hervor, daß ich bei den vielen neugierigen Fragen,
mit denen sie mich fortwährend überhäufte, oft kaum die
nöthige Ernsthaftigkeit bewahren konnte. Von Europa wußte
sie nur, daß es dort Franzosen, Spanier und die entsetz=
lichen Ketzer, die Engländer, gebe, dann hatte sie noch einen
sehr unklaren Begriff davon, daß auch ein rohes, uncivilisirtes
Volk, Deutsche oder Preußen genannt, dort hausen müsse.
Am meisten interessirten sie die Pariser Moden, und gar
was unsere Kaiserin Eugenie für Kleider trage und wie oft
sie täglich ihren Anzug wechsele. Ich machte mir den Spaß,
ihr das dummste Zeug hierüber vorzuerzählen und ihr na=
mentlich die Toilette unserer Kaiserin fabelhaft bunt und
abenteuerlich zu beschreiben. Paradiesvögel im Haare sei

das Mindeste, was die Kaiserin bei ihrer Frühstückstoilette trage, erzählte ich ihr.

Mit offenem Munde hörte sie zu. Als ich ihr aber gar vom Papste erzählen und ihr sagen konnte, daß ich den heiligen Vater wiederholt persönlich gesehen und sogar den Orden auf meiner Brust von ihm empfangen habe, ward ihr Erstaunen immer größer und ich stieg ersichtlich immer mehr in ihrer Achtung. Sie hatte vom Papst einen ganz eigenthümlichen Begriff und hielt ihn für ein höheres, fast überirdisches Wesen, das beständig in einer Wolke von Weihrauch lebe und nur von knieenden Pagen seine Speisen in goldenen Schüsseln empfange. Aecht mexikanisch war übrigens später die Frage, wie viele Geliebten der Papst habe, und ob es nicht die schönsten und vornehmsten jungen Mädchen in Rom für eine besondere Ehre hielten, von ihm ausgezeichnet zu werden und in seinen Armen ruhen zu dürfen. Mit geringen Ausnahmen lebt nämlich die höhere wie niedere Geistlichkeit in ganz Mexiko so sittenlos und hält hübsche Mädchen so öffentlich als Concubinen bei sich, daß es diese Dame gar nicht begreifen zu können schien, wie der Papst seine hohe Stellung nicht benütze, um sich aus den schönsten seiner Unterthaninnen ein kleines Privatserail, wie dieß ein mexikanischer Bischof gewiß gethan haben würde, zu bilden. Guter Pius IX., der du zwar ein äußerst schwacher Regent, sonst aber der frömmste, beste und keuscheste Mensch bist, den je die Erde getragen hat, welche Begriffe machen sich deine gläubigen Anhänger in Mexiko von dir, und wie legen sie den Maßstab ihrer erbärmlichen, sittenlosen Pfaffen an deine edle Person.

So plauderte die dicke Mexikanerin ununterbrochen fort und überhäufte mich mit einer solchen Menge von neugierigen und theilweise albernen Fragen, daß ich es zuletzt überdrüssig wurde, sie zu beantworten und mich, wie ich glaube, zu ihrem großen Bedauern empfahl. Mit der großen Höflichkeit der Mexikaner stellte mir die Dame beim Abschied noch ihr ganzes Haus mit seinem Inhalt zur Disposition und bat mich, sie recht oft zu besuchen. Eben so überladen und geschmacklos wie der ganze Anzug dieser Frau war auch die Einrichtung ihres Zimmers. Auf plumpen Tischen, von irgend einem Dorftischler gemacht, standen die kostbarsten Pariser Pendules, dabei aber ganz verstäubt und gewiß seit Wochen nicht mehr geputzt; zwei riesige massiv silberne Blumenvasen waren statt mit den köstlichen natürlichen Blumen des Landes mit schlecht gemachten schmutzigen Papierblumen angefüllt, ein großer Käfig, in dem ein Kakadu sein lärmendes Wesen trieb, war zwar von dickem Silberdraht, aber seit Wochen gewiß nicht mehr gereinigt, so daß der Unrath fußhoch auf dem Boden lag. Auch ein sehr kostbarer Pariser Flügel, der gewiß an 5000 Francs gekostet haben mußte, war im Zimmer, als ich ihn aber später öffnete, um etwas darauf zu spielen, fand ich, daß gewiß die Hälfte der Saiten gesprungen seien. So ist es aber in Allem in Mexiko; Pracht und Reichthum mit Unordnung, Schmutz und Verfall sind überall sichtbar.

Am andern Morgen meldete mir der Haushofmeister,

daß der Hausherr wieder zurückgekehrt sei und um die Ehre
bitte, mir seinen Besuch abstatten zu dürfen. Ein kleines,
braun gebranntes, mageres Männchen mit spindeldürren
Beinen und einer langen Nase trat höchst elegant gekleidet
in mein Zimmer und machte mir mit der großen Höflich=
keit, welche alle Mexikaner auszeichnet, seinen Besuch, indem
er frug, wie ich in seinem schlechten Hause zu schlafen ge=
ruht habe, und ob ich noch etwas zu wünschen beliebe, was
zu erfüllen er so glücklich sein könne. Diese übergroße Höf=
lichkeit der Mexikaner aller Volksklassen ist zwar größtentheils
nur leeres Phrasenthum und man muß sich hüten, die schö=
nen Worte für baare Münze zu nehmen. Man braucht nur
gegen einen Mexikaner, sein Pferd, seine Tarape, sein Haus,
ja selbst seine Frau zu loben, so wird er sogleich mit dem
verbindlichsten Lächeln antworten: Es steht zu Belieben von
Ew. Gnaden und Sie würden mich sehr verbinden, wenn
Sie es zum Geschenk von mir anzunehmen geruhen wollten.
Freilich würde der so Sprechende ein sehr verwundertes Gesicht
machen, wenn man ihn beim Worte halten und den ange=
botenen Gegenstand wirklich als Geschenk annehmen wollte.
Ich glaube, die Frauen erhielte man von ihren Ehemännern
noch am liebsten zum Gebrauch, denn die Ehen sind unge=
mein locker und eheliche Untreue von beiden Seiten ist so
gewöhnlich, daß man es gar nicht der Mühe werth hält,
nur ein Wort darüber zu verlieren. Die Liebhaber der
Frauen sind in der Regel ihre Beichtväter, wozu sie sich
vorzugsweise gerne kräftige junge Geistliche aussuchen. Sie
haben es dann bequem und können mit diesen Pfaffen zu=

gleich sündigen und sich von ihren Sünden auch wieder
durch sie absolviren lassen. Die Männer halten in der
Regel begünstigte Haushälterinnen oder hübsche, feurige
Mulattinnen oder Quatronenmädchen als Concubinen. Die
üblen Folgen dieser zu vielen Opfer auf dem ganz süßen,
aber sehr gefährlichen Altar der Venus sind auch allzu sicht=
bar, denn saft= und kraftlosere, ausgemergeltere Gestalten,
als unter den Männern der höheren Stände in Mexiko, habe
ich sonst nirgends gesehen. Hübsche kräftige junge Männer
wird man hier äußerst selten finden und wenn man auch
gleich einem Diogenes eine Laterne am hellen Tage an=
stecken wollte, um sie zu suchen. Mein Quartiergeber in
Vera=Cruz war aber nicht allein ein sehr höflicher, sondern
auch ein ganz kluger Mann, der mir über manche hiesige
Verhältnisse recht interessante Auskunft geben konnte. Sein
Großvater schon war aus Spanien in Mexiko eingewandert
und das Vermögen der Familie, was sehr beträchtlich sein
mußte, größtentheils dadurch entstanden, daß sie die Ein=
künfte des Zolles von Vera=Cruz von den früheren spani=
schen Vicekönigen gepachtet hatten. Jetzt trieb mein Wirth
auch Banquiers= und Geldgeschäfte und stand in dieser Hin=
sicht mit den großen Haciendas der Umgegend in vielfacher
Verbindung, war aber sonst seines Standes ursprünglich ein
Advokat, obgleich er nunmehr jetzt die Jurisprudenz schon
längst aufgegeben hatte. Er erzählte mir viel von der frü=
heren grenzenlosen Unordnung, die unter der sogenannten
Republik in allen Zweigen des Staatslebens geherrscht habe,
und wie mit äußerst geringen Ausnahmen ein Präsident

noch immer ein größerer Schuft und gewissenloserer Intriguant als der andere gewesen sei. Der schlimmste von allen muß aber nach seiner Versicherung dieser Juarez gewesen sein, von dessen Tyrannei, die er ganz nach dem Muster unserer europäischen Demokratie mit einigen liberalen Redensarten zu umhüllen wußte, er mir die fast unglaubhaftesten Dinge erzählte. Wie sehr sich die ganze besitzende und arbeitende Klasse in allen mexikanischen Provinzen nach einer festen Erbmonarchie sehne, um endlich diesem häufigen Präsidentenwechsel mit dem Gefolge seiner zahllosen Hebel aller Art enthoben zu sein, bestätigte mir dieser ehemalige Advokat aufs Neue. Zum Dank für seine Mittheilungen wollte er nun auch von mir politische Neuigkeiten und was Kaiser Napoleon für Pläne mit Mexiko habe, welchen Monarchen er dafür bestimmen werde und wie meine Wünsche und Neigungen in der Politik beschaffen wären, erfahren. Da konnte ich dem höflichen Mann freilich nur eine sehr geringe Auskunft geben, da ich mich um politische Dinge niemals viel bekümmert habe. Als er mich nun ganz verwundert frug, welcher politischen Partei ich denn eigentlich angehöre, antwortete ich ihm, daß wir französischen Offiziere es als eine Ehrenpflicht betrachteten, keine Politiker, sondern nur Soldaten zu sein und wir die strenge Erfüllung der Befehle unseres Kaisers als die einzige Aufgabe unseres Lebens betrachteten, ohne uns weiter mit politischen Combinationen viel zu befassen. Ganz verwundert schüttelte er den Kopf und meinte, bei ihnen in Mexiko wäre es früher ganz anders gewesen, da seien die Offiziere die Hauptpolitiker und die ehrgeizigen Generale, welche stets nach der Präsidenten=

würde trachteten, die größten Revolutionäre, durch welche
Ruhe, Ordnung und Gesetzmäßigkeit stets am meisten gestört
würde. Lächelnd antwortete ich ihm: Sehen Sie, mein
Bester, da haben Sie gleich den sicherſten Beweis, welche
üble Folgen es mit sich führt, wenn ein Heer Politik statt
Waffenübungen treibt. Gerade weil die mexikanischen Offiziere
sich mit Politik befassen, vernachläßigen sie alle ihre militä=
rischen Pflichten so sehr und ihr Heer ist so schlecht, daß
100 französische Soldaten im freien Felde stets 1000 Mexi=
kaner mit leichter Mühe schlagen werden. Dieser Beweis
schien dem kleinen Advokaten einzuleuchten und er gab zu,
daß ein politisirendes Offiziercorps das größte Unglück für
ein Land sei, welches gezwungen wäre, ein solches zu halten.

Da ich gerne möglichst viel in der luſtigen Gesellschaft
meiner Kameraden sein wollte, so schlug ich in Vera=Cruz
die Einladungen meines Quartiergebers, mein Mittagsmahl
in seinem Hause einzunehmen, aus, und aß bei einem italie=
nischen Restaurateur, der für die Offiziere einen besondern
Mittagstisch eingerichtet hatte. Zwar waren alle Preise sehr
theuer, wie ich denn überhaupt gefunden habe, daß Mexiko
ein sehr theures Land ist, aber wir aßen dafür auch recht
gut und tranken noch besser, und für einen Soldaten im
Felde ist das Geld nur dazu bestimmt, es möglichst bald
wieder auszugeben. Schätze sammeln und Ersparnisse ma=
chen ist nun einmal für einen Feldoffizier nicht angemessen,
wer dazu Neigung hat, der ziehe nur die Uniform möglichst
schnell wieder aus und gehe unter die Geldjuden und Ban=
quiers und andere Schwindler von Paris, da wird er seinen

Zweck besser und leichter erreichen. Besonders reich war unser Tisch stets mit den verschiedensten Seefischen besetzt und auch Schildkröten fehlten fast niemals darauf. Das Dessert an den köstlichsten Früchten war aber so reich, daß ein Feinschmecker in Paris viel darum gegeben haben würde. Wie in allen Hafenstädten, so ist auch in Vera-Cruz viel liederliches Gesindel und manche Scenen, die ich spät am Abend sah, gaben mir gerade keinen sonderlichen Begriff von der Moralität der dortigen Bewohner. Während der heißen Jahreszeit, wo das gelbe Fieber sehr wüthet, ruht Handel und Wandel fast gänzlich und alle wohlhabenderen Handlungsbesitzer suchen die Stadt und überhaupt die „Tierra caliente" zu verlassen und gesundere Wohnsitze in der „Tierra templada" aufzusuchen. Unter den hier etablirten Großhandlungshäusern befinden sich manche, die im Besitz von Deutschen sind. Wenn es Deinem patriotischen Stolz als Deutscher schmeichelt, so kann ich Dir überhaupt mittheilen, daß sowohl in Vera-Cruz, als auch in Orizaba, Puebla und Mexiko die Deutschen als Kaufleute und Handwerker einen sehr geachteten Namen haben. Sie sollen sich durch Fleiß, Rechtlichkeit, Umsicht und Tüchtigkeit vortheilhaft auszeichnen und sehr bedeutende Geschäfte machen, sind dabei aber auch als etwas langweilige, engherzige Philister bekannt. Auch die deutschen Frauen sollen sich durch Wirthschaftlichkeit, Häuslichkeit, gute Kindererziehung und strenge Sittlichkeit von den Creolinnen, Italienerinnen, und Spanierinnen (denen freilich alle diese guten Eigenschaften fast gänzlich abgehen) vortheilhaft auszeichnen. Die im mexika-

nischen Gebiete ansäßigen Deutschen sind größtentheils Kaufleute und Handwerker, einige auch Aerzte, die mit ihren
Geschäften hinreichend zu thun haben, um sich viel mit Politik zu beschäftigen. Die deutschen Straßendemokraten und
Volksredner und ähnliche Unfug stiftende Menschen aus den
tollen Schwindeljahren von 1848—1856, die sich später
flüchteten, sind nicht nach Mexiko gekommen, sondern haben
andere Länder mit ihrer Gegenwart beglückt. Besonders
Algerien war nur zu reich mit derartigen Leuten versehen,
von denen die meisten, da sie keine nützliche Thätigkeit gelernt hatten und auch zu faul waren, um harte Feldarbeit
zu treiben, sich nothgedrungen in unserer Fremdenlegion anwerben ließen. Das war denn freilich keine sonderlich angenehme Lage für diese Weltverbesserer und Volksbeglücker,
denn die Disciplin in der Fremdenlegion ist mit Recht
äußerst strenge und die Beschwerden des Feldlebens in Algerien sind nicht gering. Ich selbst habe 1852 so ein
Dutzend deutsche Barrikadenkämpfer und Erzdemokraten unter
meinem Befehle gehabt und manche strenge Strafe über sie
verhängt, um ihnen ihre hirnverbrannten Ideen aus den
Köpfen zu treiben und sie an Zucht und Ordnung zu ge-
wöhnen. Mehrere von ihnen fügten sich bald, da sie sahen,
daß sie nicht anders konnten und wurden nach und nach
vortreffliche Soldaten. Andere aber, die auch jetzt noch nicht
recht Ordre pariren wollten, sind in das Bagno gekommen
oder auch wegen zu grober Subordinationsvergehen vor den
Kopf geschossen worden.

Während meines Aufenthalts in Vera-Cruz, wie in der

Stadt Mexiko, bin ich übrigens persönlich gar nicht mit. den dort ansäßigen Deutschen in Berührung gekommen. So vortrefflich auch ihre kaufmännischen Eigenschaften immerhin sein mögen, und so sehr ich sie wegen ihrer bürgerlichen Tugenden auch achte, so passe ich in socialer Hinsicht doch nicht zu ihnen. Auch diese deutschen Frauen des gebildeten Mittelstandes mögen immerhin die besten häuslichen Eigenschaften besitzen und die vortrefflichsten Gattinnen und Mütter abgeben; ich für meine Person finde sie nun einmal langweilig, steif und mir nicht zusagend. So eine Kastengesellschaft möglichst auffällig und dabei möglichst geschmacklos herausgeputzter deutscher Kaufmanns=, Beamten= und Gelehrtenfrauen ist mir nun einmal das langweiligste Vergnügen, was ich kenne; das habe ich bei meinem mehrwöchentlichen Aufenthalt vor 3 Jahren in Deutschland wieder mehr als zur Genüge erfahren. Ich kann mir einmal nicht helfen und mein Geschmack mag noch so schlecht sein, so finde ich den Verkehr mit unseren leichtfertigen, französischen Grisetten, die wenigstens esprit haben und witzige Antworten zu geben vermögen, nun einmal amüsanter. So bin ich denn auch grundsätzlich hier in Mexiko allen deutschen Damen wie Herren möglichst weit aus dem Wege gegangen. Wahrscheinlich dürften sie von mir, dem durch und durch französischen Offizier mit seinen vielleicht etwas laxen moralischen Grundsätzen eben so wenig befriedigt gewesen sein, als ich von ihnen.

Außer den Deutschen sind in Vera=Cruz auch noch Engländer und Franzosen als Deutsche ansäßig. Die Engländer habe ich natürlich nicht kennen gelernt, da ich niemals mit einem Engländer, der kein Offizier ist, mehr als das Allernothbürftigste sprechen werde, wenn ich dies irgendwie vermeiden kann. Unter den Letzteren fand ich aber mehrere recht angenehme Familien. Namentlich eine sehr witzige französische Kaufmannsfrau aus Bordeaux, deren Mann eine bedeutende Weinhandlung hier etablirt hatte, lernte ich kennen. Die Dame war nicht mehr jung und hübsch, aber ungemein geistreich und amüsant, hatte viel im Leben ge= sehen und verstand vortrefflich zu erzählen, so daß ich ihren Plaudereien oft stundenlang mit dem größten Vergnügen zuhörte. Ursprünglich war sie Schauspielerin gewesen und hatte längere Zeit ein Engagement beim französischen Theater in Petersburg gehabt. Daß sie dort wiederholte zärtliche Liaisons mit vornehmen Russen gehabt habe, ge= stand sie ohne weitere Ziererei ein und wußte sehr ergötzliche Schilderungen von ihren äußerlich civilisirten und eleganten, innerlich aber desto roheren russischen Liebhabern zu geben. Auch die chronique scandaleuse des russischen Hofes kannte sie ganz genau, und wußte mehrere amüsante und pikante Anekdoten von dem Kaiser Nikolaus zu erzählen. In Peters= burg lernte sie ihren jetzigen Mann, einen sehr hübschen Commis in einem französischen Geschäfte kennen, und ver= liebte sich so sehr in ihn, daß sie von der Bühne abging, um ihn zu heirathen. Ursprünglich hatten sie eine Delikatessen= handlung in Odessa und machten gute Geschäfte, bis 1853 der Krieg ausbrach, und die Russen aus Patriotismus nichts mehr von einem Franzosen kaufen wollten. Das unter=

nehmende Paar faßte sich aber bald, und siedelte von Odessa nach San-Francesco in Californien über, wo sie auch viel Geld verdienten, später aber durch eine Feuersbrunst das Meiste verloren. Von San-Francesco kamen sie seit der Okkupation Mexikos durch unsere Truppen hieher nach Vera-Cruz, da der Mann ganz richtig berechnete, daß, wo viele Franzosen wären, auch viel Bordeaux-Wein und Champagner getrunken werden dürfte. Bis jetzt hat er denn auch gute Geschäfte gemacht und wird hoffentlich in einigen Jahren so viel verdienen, um nach „la belle France" zurückkehren zu können, und als Rentier in Bordeaux zu leben. Es ist dies der schönste Traum von seiner Gattin, die mit unermüdlichem Fleiße Tag und Nacht sparte und arbeitete, damit er ja möglichst bald in Erfüllung gehen möge.

Daß die Handelsthätigkeit von Vera-Cruz sich mit der Zeit, wenn erst Ruhe und Ordnung in Mexiko zurückgekehrt sein werden, ganz ungemein steigern dürfte, leidet keinen Zweifel. Es ist nun einmal der beste, nächstgelegene und sicherste Hafen des mexikanischen Landes für den Handel nach Europa, und je mehr dieser sich steigert, desto mehr gewinnt auch Vera-Cruz. Schon jetzt soll seit unserer Expedition der Werth des Grundes und Bodens ansehnlich gegen früher gestiegen sein, und je festeren Fuß unsere Herrschaft in Mexiko faßt, desto mehr wird dies noch zunehmen. Es ist dies wieder eine der vielen Wohlthaten, welche der Kaiser Napoleon der Welt erwiesen hat, obgleich er zum Lohn dafür von der gesammten demokratischen Presse in Europa auf das Giftigste geschmäht und verleumdet wird. Nun, er kann sich tröften und es kann ihm eigentlich auch ziemlich gleichgültig fein, ob die literarischen Demokraten ihn lieben oder haffen, ehren oder verachten. Die Macht, ihn zu ftürzen, befitzen fie ja nicht, denn wir französischen Soldaten wollen unfern Kaifer schon gegen alle Angriffe der Welt schützen. .

Was befonders feit der Landung der französischen Truppen im mexikanischen Gebiet, in Vera=Cruz ungemein zuge= nommen hat, ift der lebhafte Schiffsverkehr mit Frankreich. Nicht allein, daß fehr zahlreiche französische Kriegs= und Transportschiffe hier ankern, auch die Handelsflagge Frank= reichs foll jetzt mindeftens dreimal ftärker hier vertreten fein, als es früher der Fall war. Eine Menge Artikel, befon= ders Mode= und Luxuswaaren, Tuche, Seidenftoffe und dann auch Weine kommen jetzt von den französischen Häfen hier an und finden fehr schnell einen befriedigenden Abfatz. Auch fehr zahlreiche französische Kaufleute und Handwerker, be= fonders Luxusarbeiter, follen in den letzten Monaten hier eingewandert fein, und man hört auf den Straßen der me= xikanischen Städte nicht allein von uns Soldaten, fondern auch von den Civiliften fehr häufig französisch sprechen. Es freut mich dies ftets ungemein, denn ich hoffe, daß Mexiko für mein Vaterland Frankreich, deffen Söhne ihr Blut opferten, um es von dem Joche der Anarchie zu befreien, von Jahr zu Jahr eine fteigende Bedeutung gewinnen wird. Was Algerien für Marfeille, muß Mexiko für die franzö= fischen Häfen der Weftküfte werden.

Am anderen Tage nach meiner Landung in Vera=Cruz, nachdem ich die Nacht vortrefflich geschlafen hatte, ritt ich

mit einigen Kameraden, nach dem bekannten Fort St. Juan
be Uloa. Wir wollten einen alten Freund, der als
Artillerieoffizier daselbst in Garnison stand, besuchen, und
ich freute mich sehr, den guten, ehrlichen Jungen wieder be=
grüßen zu können. Zuletzt hatten wir uns am Morgen vor
der Schlacht bei Inkjermann gesehen, in welcher er dann
so schwer verwundet wurde, daß er nach Frankreich zurück
mußte. Jetzt hatte er sich schon ein dickes Bäuchlein ange=
gessen und eine rothe Nase angetrunken, und lebte in St.
Juan de Uloa in materieller Hinsicht herrlich und in
Freuden. Die Lage des Forts ist gut gewählt, sonst sieht
es ziemlich verfallen aus, und wenn es auch in früheren
Zeiten vielleicht eine große Bedeutung haben konnte, sind
die Werke den ungeheuren Fortschritten, welche die Artillerie
in der Neuzeit machte, doch nicht mehr gewachsen. Einige
Lagen der jetzigen schweren Kanonen unserer Fregatten wür=
den diese Mauern gar bald zusammenschießen. Da St.
Juan de Uloa aber stets Bedeutung haben wird und man
nicht wissen kann, ob diese frechen Nordamerikaner, die ihre
frechen schmutzigen Hände so gerne über ganz Mexiko brei=
ten möchten, über kurz oder lang einen Angriff gegen das=
selbe machen würden, so hat unser Kaiser befohlen, daß es
den neueren Anforderungen gemäß in Vertheidigungszustand
gesetzt werden solle. Unsere geschickten Ingenieure werden
schon Werke zu erbauen wissen, welche auch in jetziger Zeit
Widerstandsfähigkeit leisten, und unsere Artillerie besitzt Ge=
schütze und auch Soldaten zu ihrer Bedienung genug, welche
schon den kräftigsten Widerstand leisten können. So lange

der Kaiser Napoleon befiehlt, daß die französische Fahne in
St. Juan de Uloa wehen soll, reißen alle etwaigen Angriffe
der Nordamerikaner solche sicherlich nicht herab, das ist gewiß.
Am Mittag nahmen wir ein in der That sehr gutes
Diner bei meinem Freunde, dem dicken Artilleriemajor, der
seiner Gourmandise wegen allgemein bekannt ist, ein. Der
brave Mann benutzt seine chemischen Kenntnisse und die
vielen Mußestunden, welche ihm sein Garnisonsdienst in dem
abgelegenen Fort jetzt gewährt, nicht allein dazu, um vor=
treffliche Patronen (Shrapnels), Minenzünder und andere
Werkzeuge des Todes und Verderbens für Frankreichs Feinde
anfertigen zu lassen, sondern studirt mit rastlosem Eifer und
glücklichem Erfolg auch an der Erfindung neuer Saucen
und pikanter Gerichte. Er hegt den lobenswerthen Ehrgeiz,
den großen, bisher ganz unbenutzt verkommenen Reichthum,
den das mexikanische Gebiet an Fischen, Vögeln, Wild,
Amphibien und gar an Pflanzen besitzt, zur Verfeinerung
und Bereicherung der Kochkunst möglichst auszubeuten. Ge=
lingt ihm die Ausführung seiner unsterblichen Idee, unsere
vervollkommnete französische Kochkunst mit der bisher noch
sehr primitiven mexikanischen Küche zu verschmelzen und so=
mit ein großes, bisher noch unerreichtes Ganze zu erzeugen,
so ist sein Ruhm in der culinarischen Welt für alle Zeiten
gesichert, und selbst die Stimme eines Vatels und anderer
großer Coryphäen der feinen Küche müssen vor ihm erblei-
chen. Seine kleinen, lebhaft unter den dicken Fettbacken her-
vorzwinkernden Augen strahlten förmlich vor Freude und Begeisterung, sobald er uns die Ausführung dieses Planes

schilderte. In der That muß es auch die Eitelkeit eines
ehrgeizigen Gourmands kitzeln, wenn sein Name als Erfinder der nach ihm genannten Sauce à la N ... oder Poularde aux fines herbes à la N ... in goldenen Lettern
auf der Maroquin eingebundenen Speisekarte unserer besten
Pariser Restaurants prangt. Welcher Autor unserer Jetztzeit kann sich auch wohl rühmen, daß sein Name so oft
und mit so innerem Behagen täglich von tausend Augen
aus allen Zonen der Welt gelesen wird, als der Erfinder
eines beliebten, nach ihm auf den Speisekarten unserer Restaurants genannten Gerichtes?

Vorläufig gab uns unser liebenswürdiger Wirth Gelegenheit, einige praktische Beweise seiner culinarischen Studien
zu erproben. So aßen wir denn eine Mactortue-Suppe,
welche wirklich das höchste Entzücken eines Londoner Alder-
men auf dem Lord Mayor-Schmause hervorrufen würde.
Die Schildkröte, eben frisch gefangen, war dazu nach der
Erfindung unseres Freundes auf eine besondere Art gedämpft
worden, wodurch das eigenthümliche Aroma ihres Fleisches
erhalten blieb. Ein zweites, besonderes Gericht, welches
unseren Beifall jedoch weniger erhielt, war gebratener Hayfisch. Das Fleisch der Hayfische ward bisher, wie bekannt,
für ziemlich ungenießbar gehalten und höchstens nur aus
Kuriosität hie und da von den Passagieren und Matrosen
am Bord eines Seeschiffes genossen. Unser bider Major
setzte nun seinen Ehrgeiz daran, auch dies Hayfischfleisch
durch Beizen, Klopfen und dann durch eine pikante Sauce
möglichst wohlschmeckend zu machen. Bisher war es ihm

troß zahlloſer Verſuche noch immer nicht gelungen, dieß
Problem gänzlich zu löſen, unb auch dieſer jeßige Braten
aus dem Rippenſtück eines jungen Hays ſchmeckte noch ſehr
mäßig unb ließ ſich nur genießen, wenn man eben einen
beſonders ſtarken Hunger zu Tiſche mitbrachte. Der Be=
harrliche wollte aber ſeine Verſuche troßdem noch immer
nicht aufgeben unb hoffte, zuleßt doch noch zu einem er=
wünſchten Ziele zu gelangen. Es ſoll mich nicht wundern,
wenn demnächſt auf dem Pariſer Fiſchmarkt auch gefangene
junge Hayfiſche lebendig in den großen Kufen ſchwimmend,
zu Verkauf gebracht werden, unb „Haybraten“ ober ein
„marinirter Hay“ ſeinen ſtehenden Plaß auf den Speiſe=
karten behauptet. Wie wenig ſind überhaupt noch die vielen
Probukte, welche das Meer in ſeiner unermeßlichen Tiefe
birgt, für die Nahrung der Menſchen benüßt worden, unb
was ließe ſich hierin nicht noch Alles thun. Die Chineſen,
die überhaupt viele Gerichte bereiten, die wir Europäer noch
nicht kennen, ſchäßen die Floßen der Hayfiſche als eine be=
ſondere Delikateſſe, die hoch bezahlt wird. Bei dem Gaſt=
mahle, welches uns einſt ein vornehmer Manbarin in Tien=
ſing gab, kamen als große Delikateſſen auch „Hayfiſchfloßen“,
welche zu einer beſonderen ſchleimigen Suppe ober eigent=
lich mehr Ragout zerkocht waren, auf dem Tiſch. Wir
Franzoſen konnten dieſem Gericht keinen beſonderen Geſchmack
abgewinnen. die breitmauligen, ſchweinaugigen Chineſen
ſchnalzten aber förmlich vor innerem Behagen bei deren
Genuſſe, unb leckten die Lippen mit der Zunge ab, um ja
keinen Tropfen dieſes köſtlichen Nectars ungenoſſen zu laſſen.

Diese Hayfischfloßen sollen übrigens ebenso wie die sogenann=
ten indianischen Vogelnester, denen ich für meine Person
ebenfalls keinen Geschmack abgewinnen kann, eine besonders
stimulirende Wirkung haben. Nun, die wirklich eckelhaft
wollüstigen Chinesen, die hierin oft ärger wie die Kaninchen=
böcke sind, mögen dergleichen Reizmittel wohl bedürfen, um
ihre erschlafften Sinne wieder anzureizen; wir französischen
Offiziere haben dies glücklicher Weise noch nicht nöthig und
Gott Amor bleibt uns auch ohnedem hold und gewogen.

Gewann nun bei diesem Mahl in dem Fort St. Juan
de Uloa gar Hayfischbraten keineswegs den Beifall von uns
Offizieren zum großen Leidwesen unseres Wirths, so spen=
deten wir dagegen desto ungetheilteren Beifall einem Com=
pot aus frischen Ananassen, Orangen, Agaven und noch
einigen anderen Tropenfrüchten, welches er ebenfalls erfun=
den hatte. Durch eine eigene chemische Behandlung ver=
stand der Major diese Früchte zu kochen und in Zucker ein=
zumachen, daß sie auch nicht das Mindeste von ihrem Duft
und ihrem eigenthümlichen Aroma verloren. Dazu war die
Mischung dieser verschiedenen Fruchtsorten von süß und
säuerlich höchst gelungen und zeugte von einem tiefen Stu=
dium und zahllosen, vorausgegangenen Versuchen. Es war
in der That nicht möglich, etwas Zarteres, Duftenderes,
den höchsten Wohlgeschmack in sich vereinigendes zu genie=
ßen, als dies gemischte Compot. Wir brachten dem Erfin=
der ein lautes Hurrah und dekretirten ihm im Geiste einen
Orden mit Kochlöffeln, da er sich die Ehrenlegion schon
im feindlichen Feuer bei Julfermann durch sein musterhaftes

Benehmen als Batteriekommandant erworben hatte. Warum
man übrigens in unserer ordensluftigen Zeit nicht Orden
mit besonderen Attributen für eigenthümliche Verdienste stif-
tet und austheilt, vermag ich nicht einzusehen. In Preußen
und einigen andern deutschen Staaten vertheilte man sehr
freigebig Orden mit zwei gekreuzten Schwertern für Offiziere,
welche im Feuer ihre Schuldigkeit gethan haben; warum
gibt man denn nicht auch Orden mit zwei gekreuzten Fern-
röhren für solche Generalstabsoffiziere oder Adjutanten hoher
Herren, welche sich ein Gefecht fern vom Schusse aus sicherer
Weite mit ansahen, oder Orden mit zwei gekreuzten Suppen-
tellern, die doch nur im Speisendampfe fürstlicher Hoftafeln
erworben werden, oder zwei gekreuzte Rabenfedern an Diplo-
maten, Kochlöffel an Oberhofmeister, zierliche Tänzerinnen-
füße an Theaterintendanten, welche ihr Ballet gut in Ordnung halten, Klistierspritzen an Badeärzte, die ihren hohen
Patienten in den Modebädern einige unnütze Rathschläge er-
theilen u. s. w. u. s. w. Es wäre in der That doch gut,
wenn man jedem Orden durch die darunter hängenden At-
tribute ansehen könnte, für welche Art von Verdiensten er
denn eigentlich ertheilt sei, und dies würde viel dazu beitragen, die ohnehin immer mehr sinkende Achtung vor Orden wieder einigermaßen zu erhöhen.

Doch auf welche Phantasien gerathe ich hier bei der
Schilderung meines Diners im Fort St. Juan de Uloa und
was würden alle Eure deutschen Kammerherren und unnützen
Hofleute sagen, welche jetzt ungleich mehr mit allen möglichen bunten Orden geschmückt sind, als einst ein General

Friedrichs des Großen, oder ein Marschall Napoleons I. trug,
sobald man an deren Zeichen sogleich erkennen könnte, für
welche Lappalien sie denn eigentlich erworben sind. Denkt
man doch jetzt Wunder, was für Verdienste so ein Mann
haben muß, wenn er wie ein Pfauhahn so bunt mit allen
möglichen Bändern und Sternen und Kreuzen aufgeputzt,
stolz im Gefühl seiner Würde, durch die Reihen der bemü-
thig vor ihm sich neigenden Laquaien schreitet.

Der Gehülfe und vertraute Rathgeber unseres gastrono-
mischen Majors bei allen seinen geheimen Küchenarbeiten —
denn seine Küche war wirklich sein chemisches Laboratorium
— war sein Bedienter, ein alter Artillerist, der schon die
zweite Kapitulation diente. Er war ein lebendes Beispiel,
wie wunderbar die Natur oft die verschiedensten Talente
unter rauher Hülle verbirgt. Als Pierre vor etwa einem
Dutzend Jahren in seiner Wollenjacke, mit lang herunter-
hängenden, struppigen, schwerlich jemals von einem Kamm
berührten Haaren auf seinen Holzschuhen in die Kaserne
trappte, war er ein bretagnischer Bauernbursche so roh und
tölpelhaft, wie nur je einer weinenden Angesichts sein Dorf
verlassen mußte, um „pour la gloire et l'honneur de
l'armée francaise" zu fechten und nöthigenfalls auch zu
sterben, vorläufig aber wenigstens zu exerciren und Posten
zu stehen. Von der edlen Kochkunst verstand er so wenig,
als ich von der Sanscritsprache, und außer Schlappermilch
und Grütze hatte er schwerlich jemals andere Speisen gesehen. War es nun Zufall oder besondere Fügung des Ge-
schickes, daß Pierre mit als Gehülfe in der Menageküche der

Kompagnie kommanbirt wurde, um bort bei ben niebrigſten
Küchenbienſten Hülfe zu leiſten. Der ſcharfe Blick des Haupt=
mannes, welcher ber Kompagnieküche ſtets eine beſondere
Aufmerkſamkeit widmete, erkannte hier balb, baß Pierre
ganz beſondere Geſchicklichkeiten für bieſen Zweig bes Dien=
ſtes entfaltete, unb baß es wahrſcheinlich leichter gelingen
würde, einen guten Koch als einen tüchtigen Artilleriſten,
wozu er nur geringe Anlagen beſaß, aus ihm zu bilben.
Dieſes entſchieben ausgeſprochene culinariſche Talent erweckte
nun ſogleich bas Mitgefühl bes Kapitaines, er beſchloß,
es auf alle Weiſe noch mehr auszubilben, unb nahm Pierre
baher zu ſeinem Bebienten an, wobei freilich ber Dienſt in
ber Küche ſeines Herren ſeine Hauptbeſchäftigung, ober rich=
tiger wohl ſeine einzige Thätigkeit bilbete. Unter ber ſpe=
ziellen Leitung eines ſolchen Meiſters, wie ber Kapitain
war, vervollkommneten ſich bie Geſchicklichkeiten Pierres in
ber Küche ungemein ſchnell, unb ſchon bei ber Belagerung
von Sebaſtopol galt er als einer ber geſchickteſten Köche in
unſerem ganzen Lager. Selbſt aus ben gelieferten Ratio=
nen wußte er erträgliche Mahlzeiten zu bereiten, unb bie
Beefſteaks, welche er aus ben Lenben ber vor Hunger unb
Ueberanſtrengung geſtürzten Pferbe verfertigte, waren un=
gleich beſſer, als ich ſolche jemals in ben ſogenannten Ho=
tels erſten Ranges in ben Babſtäbten von Mittelbeutſchlanb
gegeſſen habe. Wie ſehr haben ſich ſeitbem ſeine Fähigkeiten
noch vervollkommt, wozu auch wohl ein längerer Aufenthalt
in Rom unb beſonbers in Paris, bieſer Hochſchule ber ci=
viliſirten europäiſchen Kochkunſt, wo ſein Herr zwei Jahre

in Garnison lag, viel beigetragen haben mochte. Der Ruf
von Pierre als sehr geschickter Koch hatte sich inzwischen all=
mählich schon in immer weitern Kreisen verbreitet. Bei
einem Frühstück, welches der Kaiser einst bei der Artillerie
in Vincennes einzunehmen geruhte, hat Pierre die Ehre ge=
habt, die Beefsteaks, welche überhaupt seine Hauptspecialität
waren, zu klopfen und zu braten. Der Kaiser hat sich auf
das Aeußerste befriedigt darüber geäußert und gemeint, selbst
im Londoner Klubshause habe er solche zarte Beefsteaks nie=
mals gegessen, obgleich dies sonst eigentlich die einzige Speise
sei, welche die englischen Köche zu bereiten verstehen, Pierre
vor sich kommen lassen, ihm einige lobende Worte gesagt
und ihn später, da er die Annahme jedes Geldgeschenkes
hartnäckig verweigerte, mit einer hübschen goldenen Uhr
belohnt, von nun an war sein Ruhm vollendet. Der
russische Gesandte wollte ihn mit einem Gehalte, welcher un=
gleich höher war, als der eines französischen Obersten
als Chef de Cuisine engagiren, und der Baron Rothschild
oder der „grauße Baron“, wie ihn die Juden kurzweg nen=
nen, bot ihm noch mehr. Mit edlem Stolze verschmähte
aber Pierre beide Anträge, denn in der Erinnerung an den
Krim=Feldzug wollte er einem Russen nicht kochen, und
ebenso wenig als gläubiger bretagnischer Katholik in die
Dienste eines Juden treten, und wenn dieser auch zehnmal
ein Baron war. Auch andere, sehr vortheilhafte Dienstan=
erbietungen, die ihm gemacht wurden, schlug er beharrlich
aus. Er legte nicht allzuviel Werth auf Geld und wollte
unter keinen Umständen seinen Herrn verlassen, denn er

meinte, das Vergnügen, mit diesem vereint in der Küche zu arbeiten, zusammen am Feuerherd zu stehen und gemeinsame Versuche über die Zubereitung einer neuen Sauce zu machen, oder, mit der Sekundenuhr in der Hand, zu berechnen, wie viele Sekunden und bei wie viel Grad Hitze ein Beefsteack oder eine Poularde braten müsse, um den größtmöglichen Grad von Vollkommenheit zu erreichen, sei zu groß, Niemand verstehe auch so, wie sein Herr, zu essen, und den Ehrgeiz seines Koches zu erwecken. Wenn ein Koch aber nicht wisse, daß seine Kunst auch gehörig gewürdigt werde, so müsse sein Eifer allmählich erkalten und er so nach und nach in seinem Fache zurückgehen. So blieb Pierre nach wie vor einfacher Bedienter eines Majors, trug den Anzug eines Artillerieoffiziersbedienten, und war seinem Herrn auch jetzt nach St. Juan de Uloa gefolgt, wie er ihn denn auch nach Sibirien oder jedem anderen Orte begleitet haben würde, wenn diesen der Dienst dahin führte. Man sieht, es gibt auch in unserer kleinlichen Jetztzeit noch wahrhaft großartige Charaktere, wenn sie auch nur eine weiße Küchenmütze auf dem Kopfe und eine Küchenschürze um den Leib gebunden haben.

Daß wir nach eingenommenem Diner Pierre vor uns kommen ließen und ihn mit Lobsprüchen über seine Geschicklichkeit überhäuften, versteht sich von selbst. Zwar sah man auf seinem breiten, rothen Gesichte die Freude des befriedigten Ehrgeizes erglänzen, aber in sanfter Bescheidenheit lehnte er alle Verdienste ab und maß solche seinem Herrn und Meister zu, gegen dessen unerreichbares Talent in der

Kochkunst er nur noch ein schwacher Stümper sei. Wir tranken mit ihm nun noch einige Gläser aus einer ganz vortrefflichen Ananasbowle, in deren Zusammensetzung der
Major ebenfalls ein Meister war, und stießen dabei auf den
Wunsch an, daß er im Verein mit seinem Herrn seine Kochkunst in noch recht vielen durch uns eroberten Städten in
den verschiedensten Welttheilen zeigen möge.

Unser Major, dessen Eitelkeit etwas gekränkt war, daß
sein Versuch, schmackhaften Hayfischbraten zu liefern, miß-
lungen, wollte gerne einen neuen derartigen Fisch fangen,
um weitere Experimente damit anzustellen, und lud uns ein,
ihn am Nachmittag auf den Hayfischfang zu begleiten. So
ein Fang bot jedenfalls ein neues und aufregendes Schauspiel dar, und da dies treffliche Getränk in der Bowle unsere Lebensgeister außerdem noch besonders aufgeregt hatte,
so nahmen wir diesen Vorschlag mit Vergnügen an. Es
ward nun eine große Barke ausgerüstet und mit 8 mexikanischen Ruderern bemannt. Außerdem nahmen wir fünf
französische Offiziere und drei Artilleristen darin Platz. Als
Steuermann und Leiter des Fischfanges diente ein alter
mexikanischer Fischer. Der Mann mußte schon ein sehr
hohes Alter erreicht haben, denn sein braun gebranntes Gesicht sah ganz verwittert aus, und der lang herunter hän-
gende Bart, wie auch die langen Haupthaare, zeigten schon
eine fast schneeweise Farbe, er hatte aber trotzdem noch
große Kraft und Gewandtheit der Glieder. Als Köder für
den Hay ward ein 15—20 Pfund wiegendes Speckstück mitgenommen, in welches der Angelhaken gesteckt wurde. Die-

fer Angelhacken hatte doppelte Wiberhacken, war an 2 Fuß lang und aus sehr starken, fast 2 Finger dicken Stahlstangen geschmiedet. Die ersten 6—8 Fuß des Taues, an dem er befestigt war, wurden mit einer Kette dicht umwickelt, damit die scharfen Zähne des Hayfisches sie nicht durchbeißen konnten; der Rest des Taues, wohl an 50—60 Fuß lang, war aus den zähen Fasern der Agave gedreht.

In der heitersten Stimmung ruderten wir nun nach einer ungefähr 2 Seemeilen entfernten Sandbarre, wo sich nach der Versicherung des alten Steuermanns die Hayfische vorzugsweise gerne versammeln sollten. Dort angekommen, wurde der Köder in das 8—10 Fuß tiefe Meer geworfen, und dann wohl an 30—40 Fuß hinter dem langsam treibenden Boot hergeschleppt. Ungefähr eine halbe Stunde mochten wir wohl gewartet haben, wobei uns der alte Fischer möglichste Stille gebot, als dieser mit der gespanntesten Aufmerksamkeit unabläſſig das Meer beobachtet hatte, plötzlich den Arm aufhob und dann mit der Hand nach einer wohl an 20 Fuß von uns entfernten Stelle hindeutete. Sogleich richteten sich alle unsere Blicke dahin und bald erkannten wir, wie ein großer Hayfisch in der Tiefe von einigen Fuß dahin schwamm. Ungemein aufregende Augenblicke, ähnlich wie ich sie früher wohl auf einer Löwenjagd in den Bergen des Atlasgebirges erlebt hatte, folgten jetzt. Plötzlich warf sich der Hayfisch auf den Rücken, so daß wir seine weiße Bauchhaut hell schimmern sehen konnten, ebenso, wie dies damals bei dem Tode des unglücklichen Chaſſeurs geschehen war, und gleich darauf zeigte ein starker Ruck an dem Taue, daß er den Köder verschlungen habe, den Hacken im Rachen fühle und nun rückwärts fliehen wolle. Unwill= kürlich brachen wir Alle jetzt in ein lautes Jubelgeschrei aus. Das Tau lief um eine in der Barke angebrachte Winde, und wir Offiziere faßten nun sogleich mit voller Kraft in die Spillen und begannen aufzuwinden, während die mexi= kanischen Ruderer ihre Ruder auf einer Seite in das Meer einstemmten, um die leichte Barke besser im Gleichgewicht halten zu können. Mit großer Kraft zerrte und riß der Hayfisch aber an dem Tau, und obgleich wir 6 Mann an der Winde drehten, so mußten wir doch alle unsere Kräfte anspannen, um ihn näher an uns heranzuziehen. Endlich hatten wir das wüthend mit dem Schwanze um sich schla= gende Thier dicht am Rande der Barke, jetzt aber begann die Hauptschwierigkeit, es aus dem Wasser heraus und an Bord des Schiffes zu ziehen. Wir mußten dabei sehr be= hutsam verfahren und durften nicht zu sehr auf die eine Seite treten, damit die leichte Barke nicht zuletzt noch um= schlage. Mit der größten Anstrengung gelang es·uns, den Kopf des Fisches heraufzuwinden. Es war ein furchtbarer Blick, den das Thier zeigte. Die starken Widerhaken der Angel waren ihm tief in die Kiemen gedrungen, hatten beim Heranziehen das Fleisch zerrissen, und saßen jetzt hin= ter den Knochen der Kinnbacken fest. Blut und Schaum tropfte überall herunter, und dabei glühten die Augen des gefangenen Fisches vor Wuth und Schmerz. Wiederholt schnappte er mit dem Rachen um sich, so weit ihm der Angelhaken dies gestattete, und man konnte die Kraft seines

Gebiſſes ſo recht erkennen, denn ein dickes Ruder, welches ein Artilleriſt ihm zwiſchen die Zähne hielt, ward im Augenblick zermalmt, als ſei es nur ein ſchwacher Strohhalm. Um das Thier durch Blutverluſt mehr zu ſchwächen und ſo ſeinen Widerſtand zu brechen, ſtieß ihm der alte mexikaniſche Fiſcher jetzt wiederholt mit einer langen Lanze, an deren Schaft ein ſcharfes Meſſer befeſtigt war, in den Kopf und beſonders in die Augen. Der Hay zuckte bei dieſen Stößen ſo gewaltig zuſammen und machte ſo krampfhafte Bewegungen, daß ich wirklich mitunter fürchtete, er würde dadurch unſere Barke umreißen. Damit nicht das Tau der Angel reiße oder der Hacken zerbreche, war dem gefangenen Thiere inzwiſchen noch eine Schlinge von einem dicken Tau um den Kopf geworfen und dann an unſerem Schiffe befeſtigt worden, ſo daß er nun doppelt feſt ſaß und nicht mehr entwiſchen konnte. Ueber eine halbe Stunde dauerte dieſer Kampf jedoch noch fort, dann hatte ſich der Fiſch durch die vielen Stöße im Kopfe ſo verblutet und war ſo matt geworden, daß wir ihn endlich mit vieler Mühe vollends aufwinden und an Bord bekommen konnten. Er hatte eine Länge von mindeſtens 10 Fuß. Schon am Bord ſchlug er mit dem Schwanze noch ſo kräftig um ſich, daß ein Offizier von uns, der ſich nicht in Acht nahm, faſt dadurch getroffen und verletzt worden wäre. Der alte Mexikaner ſprang aber ſchnell herbei, hieb ihm mit einem ſcharfen Enterbeil in einigen Schlägen den Schwanz ab, und zerſpaltete ihm dann auch den Kopf. So gewaltig war übrigens die Lebenskraft in dieſem Hayfiſch, daß das abgehauene Schwanzſtück noch

zuckte, und auch die Kiefern des Kopfes noch einigemal zu=
sammenschnappten. Der ganze Fang und Kampf hatte in=
zwischen so lange gedauert, daß schon die Sonne im Unter=
gehen begriffen war, als wir die Heimfahrt endlich antraten.
Es war ein wundervoller Abend, und wie mit purpurnem
Glanze überzogen, schimmerte im Wiederschein des von der
Sonne gefärbten Abendhimmels die spiegelglatte Fläche des
Meeres. Wir waren zwar von dem Kampf mit dem Hay=
fisch, der ein großes ausgewachsenes Thier von der ange=
gebenen Länge war, arg mit Blut, Schaum und Seewasser
beschmutzt, und auch von der ungewohnten harten Arbeit
an der Winde etwas mitgenommen, allein trotzdem in der
besten Laune. Die Spannung des Kampfes mit dem mäch=
tigen Thier hatte uns aufgeregt und so sangen und lachten
wir so laut und trieben solch lustiges Possenspiel, als wären
wir eine Gesellschaft aus dem Institut in die Ferien ent=
lassener Schulknaben und nicht ernste Männer, die größten=
theils schon die Epauletts französischer Stabsoffiziere auf den
Schultern trugen. Der dicke Major betrachtete inzwischen
schon mit den prüfenden Blicken des Kochkünstlers die fast
noch zuckenden Stücke des Hayfisches und vertiefte sich in
ernste Grübeleien, auf welche Weise er solche durch Beizen,
Klopfen, pikante Saucen und was weiß ich noch für ander=
weitige Mittel, am besten in wohlschmeckende Gerichte ver=
wandeln könne. Ob seine Bestrebungen diesmal von einem
günstigeren Erfolg als das erstemal belohnt wurden, ver=
mag ich nicht zu sagen, da ich meinen jovialen, dicken
Freund seitdem noch nicht wieder gesehen habe.

Der Mond war bereits schon im Aufgehen begriffen, als
wir im Fort St. Juan de Uloa wieder anlangten. Die
Fahrt und der Kampf hatten unsern Appetit geweckt und
so verschmähten wir denn ein kaltes Souper und eine aber=
malige Füllung der Ananascardinalbowle keineswegs. In
der heitersten, übermüthigsten Stimmung von der Welt,
schwangen wir uns wieder in die Sättel unserer kleinen
muthigen Hengste, gerade als die mitternächtliche Stunde
schlug, um den Rückritt nach Vera=Cruz anzutreten. Der
Weg sollte zwar durch herumstrolchendes Raubgesindel häufig
unsicher gemacht werden, doch was kümmerte uns dies. Wir
waren vier französische Offiziere, alle gut beritten und mit
scharfen Säbeln und geladenen 6=läufigen Revolvern wohl=
bewaffnet, und ebenfalls gut berittene und bewaffnete, viel=
fach erprobte Spahis begleiteten uns als Ordonnanzen und
so hätten etwaige Räuber schon einen sehr blutigen Empfang
bei uns finden sollen. Dazu war die Nacht köstlich, weder
zu kalt noch zu warm und der Mond beleuchtete mit seinem
milden Lichte die ganze Landschaft so klar, daß man alle
Gegenstände deutlich erkennen konnte. So ließen wir denn
mit fröhlichem Herzen unsere zwar kleinen, aber feurigen
Rosse tüchtig fortgaloppiren und freuten uns des vergnügt
verlebten Tags, der köstlichen Nacht und des lustigen Rittes,
ohne im Mindesten nur an eine Gefahr zu denken. Ohne
weitere Abenteuer irgend einer Art, langten wir denn auch
in Vera=Cruz an und ein langer Schlaf stärkte mich von
den Strapazen des letzten Tages.

Zwei Tage später waren alle meine Sachen und Papiere

so weit geordnet, daß ich nach Orizaba zur Uebernahme
meines Bataillons abreisen konnte. Ich kenne das Gefühl
nicht, welches der Sohn empfinden muß, der nach langjäh-
riger Abwesenheit zuerst wieder die Schwelle des Vaterhauses
betritt, um an der Mutter Brust von den Irrfahrten des
Lebens auszuruhen, keine liebliche Braut umarmte mich jemals mit holdem Verlangen und drückte im innigen Kuß
ihre rosigen Lippen auf die meinen, keine treue vielerprobte
Gattin lispelte mir verschämt das frohe Geständniß jemals
in das Ohr, wie sie fühlte das Pfand unserer Liebe unter
ihrem Herzen zu tragen, und niemals streckte ein zartes Kind-
lein die kleinen Händchen nach mir, dem heimkehrenden Vater,
verlangend aus; kurz alle Freuden und alles Glück, was
Familienleben und Familienbande einem Menschen gewähren
können, blieb mir, dem jung verwaisten, in der Fremde er-
zogenen und dann vom 18. Jahre unaufhörlich in Frankreichs Kriegslagern erstarkten Menschen ein völlig unbekann-
tes Gefühl. Freudiger kann aber niemals eines Mannes
Seele durch alle diese Scenen bewegt werden, höher kann
sein Herz im inneren Glück nicht schlagen, als ich in jener
Stunde empfand, da ich nun meinem alten theuren Bataillon als dessen Kommandant vorgestellt wurde und der laute
Jubel der Soldaten mich begrüßte. Zwölf Jahre hatte ich
in dessen Reihen gedient, vier algerische, zwei orientalische
und einen italienischen Feldzug mit ihm durchfochten, als ich
es Ende 1859 mit schwerem Herzen verließ, bis ich jetzt
wieder dessen Kommandant geworden war. Und nun gar
meine alte liebe Kompagnie, die ich als Kapitain in der

Almaschlacht zuerst in das Feuer geführt und dann bei Magenta glorreichen Angedenkens, so viele Siegestrophäen mit ihr erobert hatte! Es war ein zu freudiges Wieder= sehen und fast waren mir die Thränen vor innerer Rüh= rung in die Augen getreten, als ich die alten lieben Kerle mit ihren braungebrannten, verwetterten Gesichtern wieder sehen und Dutzenden von ihnen ihre kräftigen Hände schüt= teln konnte. Doch ein weinender Zuaven=Kommandant, sa= cristi! solch Schauspiel ist doch wohl noch niemals dagewesen. Ich glaube die tollen Kerle hätten mir in das Gesicht ge= lacht und der schlechten Witze auf meine Kosten wären am Abend zahllose gewesen, wenn sie eine Thräne in meinem Auge entdeckten. So machte ich denn ein recht lustiges Gesicht und hielt ihnen eine kurze, kernige, von jedem überschweng= lichen Phrasenthum ferne Rede. Was mich besonders auch erfreute, war die aufrichtige Freude, mit der mich nament= lich die alten Soldaten meiner früheren Kompagnie jetzt wieder begrüßten. Ich war ihnen stets ein strenger Offizier gewesen, der die Bande der Disciplin mit fester Hand hielt, jedes Vergehen dagegen unerbittlich strafte und nie= mals eine gegebene Strafe wieder erließ, und doch war ihre Freude, mich jetzt an der Spitze des Bataillons zu sehen, ebenso groß wie aufrichtig, obgleich sie schon im Voraus da= von überzeugt sein konnten, daß ich eine scharfe Mannszucht halten und gehörig strafen würde, wenn dies nun einmal nöthig war. In dieser Stunde der Uebernahme des Batail= lons, gelobte ich mir aber aufs Neue, Tag und Nacht für das Wohl meiner Untergebenen zu sorgen, nichts zu ver=

säumen was ihnen ihr Leben angenehm machen könnte, so
weit der Dienst dies gestattete, und in den ersten Stunden
des Kampfes stets der Erste an ihrer Spitze zu sein, wenn
es galt den Ruhm und die Ehre der französischen Armee
zu erhöhen und für die Macht unseres Kaisers Napoleon,
dem ich den Befehl über dies schöne Bataillon verdankte,
bis zum letzten Hauch des Lebens zu kämpfen. Kein anderer
Stand der Welt vermag doch das stolze Gefühl der Stan-
desehre und der festen Kameradschaft in dem Grabe zu be-
wirken, als der Soldatenstand, zumal wenn man das Glück
hat einer größeren, ruhmgekrönten Armee angehören zu
dürfen. Es mag recht schön sein als ein berühmter Maler
oder Schriftsteller oder Componist zu leben und seinen Ruhm
täglich durch die Trompeten der Zeitungen auszuposaunen zu
hören; auch ein Diplomat hat manche Vorzüge und die
Gunst der eleganten Weltdamen in den vornehmen Salons
von Europa wendet sich vorzugsweise gerne diesen geschnie-
gelten und parfümirten Gecken von der Diplomatie zu. So
ein reicher Pariser Börsenmann, der sich nur mit Coupons-
abschneiden beschäftigt und dessen Geld ihm die Reize der
schönsten Tänzerinnen, Sängerinnen und aller übrigen Mode-
damen unserer Hauptstadt leicht genug erkaufen kann, führt
auch ein Dasein, was nicht zu den schlechtesten auf dieser
Erdenwelt gehört. Doch wie läßt sich dies alles mit dem
Soldatenstand, wenn man mit voller Lust ihm angehört,
vergleichen! Fürwahr als ich jetzt in Orizaba mein neues
Bataillon übernahm und so die stolzen Reihen dieser lang-
bärtigen, kriegerischen Gestalten, welche ich fortan befehligen

sollte, überschaute, da hätte ich ja wahrlich nicht mit einem Ducde Grammont, dem Botschafter unseres Kaisers am Wiener Hofe, oder einem Rothschild oder gar einer künstlerischen oder literarischen Notabilität getauscht.

Von den Soldaten meiner früheren Kompagnie kannte ich ungefähr noch die Hälfte persönlich, die anderen waren seit dem Herbst 1859 neu eingetreten. Ganz alte algerische Krieger mochten unter der Mannschaft wohl noch ein Dutzend befindlich sein, doch waren unter den Corporals und Sergents fast alle schon über 10 Jahre, einzelne auch wohl schon 15—20, ja einige noch länger, im activen Dienst. Solche Zuaven, die noch in der Krim mitgefochten hatten, befanden sich in dieser Kompagnie an 32, im ganzen Bataillon aber 214 Mann. Sonst war die Ergänzung gut und wir hatten viele treffliche Soldaten aus anderen Feldregimentern, die sich freiwillig für eine zweite Capitulation bei uns hatten anwerben lassen, erhalten. Auch manche Savoyarden, die früher bereits im sardinischen Heere gedient hatten, waren im Corps. Es waren größtentheils streng disciplinirte, körperlich sehr abgehärtete Soldaten, deren Ausdauer und Gewandtheit im Bergsteigen uns wiederholt treffliche Dienste leisteten.

Am Abend meiner Uebernahme des Bataillons, ließ ich die Musik spielen und gab den Soldaten ein kleines Fest. Es wurden einige große Fässer mit Chingucritto, so heißt der in Mexiko gebrannte leichte Brantwein, an den sich unsere Soldaten sehr bald gewöhnt haben, geleert und alle waren fröhlich und guter Dinge. Ein alter Zuave, wegen

seines langen fuchsrothen Bartes, der ihm bis halb auf die
Brust herunter hing, Henri le Capuzin genannt, hielt dabei
eine höchst komische Rede und brachte schließlich meine Gesundheit und einige hundert Kehlen stimmten jubelnd in diesen Ruf mit ein. Dieser Henri le Capuzin ist ein Original,
wie man es nur in unserem Corps finden kann. Wo er
geboren ist und wer seine Mutter war, weiß weder er noch
überhaupt wohl Niemand auf dieser Erde, denn wahrscheinlich brachte irgend eine fahrende Landstreicherin ihn irgend
einmal hinter einer Hecke zur Welt. Ebenso weiß er nicht,
ob er jemals getauft wurde, was schwerlich geschah, wie alt
er ist, welcher Religion er angehört und was für einen
Familiennamen er eigentlich besitzt. Seine frühesten Er-
innerungen sind, daß er als Junge bei einem Bärenführer
die Welt durchzog und mit dem Affen und Kameel zusammen
in den Ställen schlafen mußte. Hatte sein Herr zufällig
keinen Affen, so wurde er in dessen rothe Jacke gesteckt und
mußte statt seiner Purzelbäume schlagen und auf dem Kameel
hocken, erhielt aber zum Lohn für alle diese Fähigkeiten
mehr Schläge und Kniffe und Püffe als Essen. An Schul-
und Religionsunterricht irgend einer Art war bei dieser
herumvagabundirenden Lebensweise natürlich nicht zu denken.
Als er allmählich größer wurde, avancirte er zum Bajazzo
und Trommelschläger einer kleinen Seiltänzerbande, fand
aber auch hierbei gerade kein sonderlich angenehmes Leben.
Da sich einst diese Bande aus Mangel an Subsistenzmitteln
aufgelöst hatte, entschloß sich Henri kurz, sein Leben fortan
dem Ruhme der französischen Fahne zu widmen und ließ

sich als Tambour für die Fremdenlegion in Algerien anwerben. Einige Jahre trommelte er den Legionairen mit
unermüdetem Eifer den Rataplan und andere Märsche vor,
dann mehrte sich sein Ehrgeiz und er vertauschte die Trom-
melschlegel mit der Muskete. Bei seiner zweiten Kapitulation trat er 1844 bei den Zuaven ein und war bald einer
der verwegensten Soldaten unseres Corps. Was Muth,
Gewandtheit und Kaltblütigkeit anbelangt, hätte er in der
That verdient schon General zu sein, seiner gänzlichen Un-
kenntniß im Lesen und Schreiben und dann leider eines
Hanges zur Trunkenheit wegen, konnte er aber nicht einmal
zum Corporal befördert werden. Als ich 1853 die Kompagnie erhielt, war die Strafliste von Henri wegen Trunken-
heitsfällen und zahllosen Disciplinarvergehen so voll, daß er
eigentlich schon zur Disciplinarkompagnie abgegeben werden
sollte. Nur die wirklich glänzende Tapferkeit, die er wiederholt im Gefecht gezeigt und der Umstand, daß er einst einen
verwundeten Offizier mit Gefahr seines Lebens aus einem
Haufen von Kabylen herausgehauen und dann auf seinem
Rücken stundenweit fortgetragen hatte, rettete ihn noch immer
vor diesem, in vieler Hinsicht nur zu wohl verdienten Schicksal. Aus Dankbarkeit hierfür und um ihn wo möglich noch
zu bessern, hatte unser damaliger Oberst ihm auch gestattet,
eine zweite Kapitulation in unserem Regimente anzunehmen,
obgleich der Bataillonskommandant eigentlich dagegen gewesen war.

Als wir den Befehl nach dem Orient uns einzuschiffen
in Oran erhielten, saß Henri wegen verschiedener dummen

Streiche einmal wieder im Arreſt, in dem er überhaupt
über die Hälfte ſeiner Dienſtzeit zubringen mußte. Ich ging
zu ihm und kündigte ihm an, daß ich ihn nicht mitnehmen,
ſondern zum Depot abgeben würde, da ein ſolch unverbeſſer=
licher Trunkenbold wie er der Kompagnie nur zur Schande
gereiche und im Felde auch nicht den minbeſten Nutzen ge=
währe, da man ſich niemals ſicher auf ihn verlaſſen könne.
Henri gerieth in Verzweiflung, weinte faſt wie ein Kind
und beſchwor mich ihn doch in den Krieg mitzunehmen, da
er die Schmach jetzt zurückzubleiben, nicht erleben, ſondern
ſich ſelbſt dann das Leben nehmen würde. Einen Mann
von ſolch bewährter Tapferkeit, bei einem jedenfalls blutigen
Kriege gegen die Ruſſen, aus meiner Kompagnie zu ent=
fernen, konnte ohnehin nicht mein Wunſch ſein und ſo ſagte
ich denn, „nun gut, mein Freund, ich will dich mitnehmen
unter der Bedingung, daß du mir dein Ehrenwort als fran=
zöſiſcher Soldat gibſt, dich während des ganzen Feldzuges
auch nicht ein einzigesmal zu betrinken.“ Er fiel mir vor
Freude um den Hals und antwortete: „mein Kapitain, nennen
Sie mich einen elenden Jungen und infamen Schuft, wenn
ich, ſo lange der Feldzug dauert, jemals auch nur einen
Tropfen Branntwein über die Lippen nehme. — Und dann
mein Kapitain, wenn es heißt, daß zu beſonders gefähr=
lichen Expeditionen Freiwillige aufgerufen werden, verſteht
es ſich doch wohl von ſelbſt, daß ich dabei bin. Ich habe
viel wieder gut zu machen.“ Gerührt reichte ich ihm die
Hand und jubelnd ſchiffte er ſich mit ſeinen Kameraden ein.
Henri hielt Wort und trotz Kälte, Näſſe und allen mög=

lichen anderen Strapazen, die wir während der drei Jahre,
die wir im Orient und in der Krim zubrachten, in Menge er=
tragen mußten, genoß er nie auch nur einen einzigen Tropfen
geistiges Getränk und hielt sich überhaupt so musterhaft,
daß er keine Strafe empfing. Als wir aber in der Alma=
schlacht die Russen angriffen und um auf das Hochplateau
zu gelangen, eine sehr steile Felsenschlucht hinaufklettern
mußten, was anfänglich fast unmöglich schien, da war Henri
mit der erste Soldat, der uns den Weg zeigte, und oben
auf dem Plateau angekommen wie ein Wüthender den Russen
entgegenstürzte. Er führte stets einen großen schwarzen Ka=
ter, der den Namen „Creve coeur" hatte und eine so erstaun=
liche Menge von Kunststücken konnte, wie ich dies bei einer
Katze niemals gesehen habe, mit sich, und dieser Kater mußte
jetzt in der Schlucht vorausklettern und mit den besten Weg
zeigen helfen. Bei Inkjermann wurde dieser Kater später
erschossen, worüber sein Herr eine tiefe Trauer zeigte, und
erhielt von den Zuaven der Kompagnie ein feierliches Be=
gräbniß. Da sich Henri auch sonst während der ganzen
Belagerung ungemein auszeichnete, so erhielt er nicht allein
mehrere Medaillen, sondern wurde auch von mir für das
Kreuz der Ehrenlegion vorgeschlagen, was er aber nicht be=
kam. Es war überhaupt unmöglich, einen muthigeren, ge=
wandteren und dabei auch bei den allergrößten Beschwerden
stets in der besten Laune bleibenden Soldaten zu finden,
als Henri während dieses ganzen Feldzuges war, und er
zeigte sich in dieser Hinsicht als ein wahrer Schatz für meine
Kompagnie. Da er auch kein Wort lesen und schreiben

konnte und dies auch nicht lernen mochte, so vermochte ich
ihn trotzdem nicht zum Corporal zu befördern.

Ich hoffte schon, daß Henri sich gebessert haben würde,
irrte mich aber sehr hierin, denn kaum waren wir wieder
in Oran angekommen, wo er nicht vor dem Feind stand,
so fing er stärker wie je und, gleichsam um das Versäumte
nachzuholen, sein früheres liederliches Leben wieder an. Alle
anderen Strafen halfen nicht und so wurde er denn, obgleich
ich mich höchst ungern zu diesem Schritte entschloß, auf zwei
Jahre in eine Disciplinarkompagnie gesteckt und im Anfang
1859, als seine Kapitulation gänzlich abgelaufen war, aus
dem Dienste entlassen. Er engagirte sich nun als Aufwär-
ter bei einem Thierhändler, der Löwen und Hyänen und
andere Bestien in Afrika einhandelte, um solche in Europa
an Menagerien und zoologische Gärten wieder zu verkaufen,
und ich hatte eigentlich die Ueberzeugung, daß er einst noch
im Zuchthause oder wenigstens als Vagabund im Armen-
hause sterben würde. Als wir im Frühling 1859 Befehl
erhielten, uns für den italienischen Feldzug kriegsfertig auszurüsten, kam Henri als ein Verzweifelter zu mir und bat
mich fast kniefällig, ich möchte ihn doch als Freiwilligen
wieder in meine Kompagnie aufnehmen. Anfänglich stellte
ich mich zwar unerbittlich, da ich jedoch solche Soldaten, wie
er war, in dem jeden Falls blutigen Feldzuge gegen die
Oesterreicher, gerne bei meiner Kompagnie haben mochte, so
gewährte ich ihm denn endlich seine Bitte, mich für seine
Rekapitulation verwenden zu wollen, wenn er wieder das
Versprechen gebe, sich fortan, so lange er überhaupt im

Dienst sei, gut zu betragen. Er gab mir das Wort hierauf, ich verwendete mich beim Oberst, daß er wieder angenommen und meiner Kompagnie zugetheilt wurde, und hatte keine Ursache dies zu bereuen. Henri hielt sich musterhaft, zeichnete sich bei jeder Gelegenheit auf das Rühmlichste aus und erwarb sich endlich auch bei Solferino, wo er schwer verwundet wurde, das Ehrenlegionskreuz, das höchste Ziel seiner Wünsche. Als ich im Herbst 1859 meine Kompagnie abgab und zu einem anderen Regimente versetzt wurde, war er noch als Rekonvalescent im Hospital zu Mailand. Ich besuchte ihn, um Abschied von ihm zu nehmen, ertheilte ihm noch Ermahnungen, sich auch nun des Ehrenlegionskreuzes würdig zu betragen und er versprach dies mir auch. Schon gleich nach meiner Ankunft in Orizaba erkundigte ich mich nach „Henri le Capuzin" und erfuhr zu meiner Freude, daß es ihm gut gehe und er sich musterhaft betrage. So konnte ich denn mit doppeltem Vergnügen dem alten treuen Burschen, der vor Freude mich wiederzusehen fast die tollsten Luftsprünge machte, seine Rechte drücken, mit der er schon so oft für die Ehre der französischen Fahne gefochten hatte.

Ein Bataillonskommandant im Kriege muß nothwendiger Weise gut beritten sein, und so war es denn meine erste Sorge in Orizaba, mich mit recht brauchbaren Pferden zu versehen. Einen sehr schönen Hengst mit lang herunter hängender Mähne und Schweif, der aus Andalusien nach Cuba und von dort nach Vera-Cruz gelangt war, kaufte ich von einem Stabsoffizier, welcher seiner Gesundheit wegen nach Frankreich zurückkehren mußte, für den verhältnißmäßig

wohlfeilen Preis von 1000 Francs. Das edle und große
Roß war für die Parade wie geschaffen, sonst aber nur ein
höchst mittelmäßiges Kampagnepferd, da es nicht schnell lief,
schlecht sprang und dabei eine merkwürdige Feigheit zeigte
recht in das Feuer hineinzugehen. Es gibt solche Pferde,
die nicht in das Feuer hineinwollen und daher für einen
Offizier im Gefecht keinen Schuß Pulver werth sind. Als
eigentliches Reitpferd für den Feldgebrauch kaufte ich noch
von einem mexikanischen Offizier, der sich bei uns aufhielt,
einen kleinen Hengst oder Mustang, der früher wild auf den
Prairien von Texas umhergelaufen und dann mit dem Lasso
eingefangen war, für ungefähr 600 Francs nach franzö-
sischem Gelde. Das Pferd, ein Rothfuchs von Farbe, war
zwar nur klein, aber sehr schön gebaut, von unermüdlicher
Ausdauer, ein guter Läufer und Springer, dabei gar nicht
scheu und abgehärtet gegen alle Fatiguen; kurz ein Cam-
pagnepferd, wie man sich solches nur wünschen konnte. Seine
sonstigen guten Eigenschaften wurden jedoch durch einen nicht
geringen Grad von Bösartigkeit und Heimtücke wieder sehr
beeinträchtigt. Es biß und schlug wo es nur konnte, so daß
man sich stets, wenn man sich ihm nähern wollte, ungemein
in Acht nehmen mußte und war auch sonst beim Reiten
voller Mücken und Tücken. Da ein so böses Pferd für einen
Stabsoffizier der Infanterie, der häufig zwischen seinen Soldaten hindurchreiten muß, nicht viel taugt, so vertauschte ich
es bald wieder gegen einen anderen Mustang, der zwar
nicht so schnell, aber dafür auch nicht so bösartig war. Bei
diesen auf den Prairien wild umherlaufenden und dann durch

ben Lasso eingefangenen und mit äußerster Rohheit durch Anwendung aller möglichen Gewaltmaßregeln zugerittenen Pferden, wird man übrigens derartige Bosheiten und Tücke sehr häufig finden. Es ist gleichsam als wollten die klugen Thiere sich an dem Menschen auf solche Weise dafür rächen, daß er sie ihrer goldenen Freiheit beraubte und durch so harte Mittel in das Joch der Dienstbarkeit einzwängte. Zeigt man übrigens dem bösesten mexikanischen Pferde, welches mit dem Lasso eingefangen ist, nur dies Instrument und macht die Pantomime, als wolle man ihm solchen um den Hals werfen, so wird es augenblicklich ruhig werden, ja fast zitternd bastehen, solche Furcht hat es noch immer vor dieser schrecklichen Schlinge. Später bin ich wohl auf Estanzias, auf deren einige deutsche Quadratmeilen großen Weideflächen an 1000 Rinder und 100—200 Pferde, alle im halbwilden Zustande, weideten, gewesen und habe gesehen, wie die Pferde durch die Hirten mit dem Lasso eingefangen wurden. Die ganze Operation gleicht sehr der Art, wie die Tabunschels in den Steppen der Krim mit dem Arkan die Pferde aus den großen Tabunen fangen. Die mexikanischen Pferde sind übrigens hübscher und zeigen weit mehr edles Blut als die südrussischen Steppenpferde. Man sieht es ihrem ganzen Baue und besonders auch ihren feinen zierlichen Köpfen noch sehr merklich an, daß sie orientalisches Blut in den Adern haben und Abkommen jener edlen Rasse sind, welche die Araber meist nach Spanien gebracht hatten. Wie überhaupt für keinen Zweig der Industrie und der Land= wirthschaft, so wurde auch in der letzten Zeit für die Pferde=

zucht in Mexiko nicht das Mindeste gethan und sie soll da=
her sehr zurückgegangen sein, obgleich sich Klima und Wei=
den sonst ungemein dafür eignen.

Die Mexikaner selbst sind durchweg sonst sehr gewandte
und muthige Reiter, die gut zu Pferde sitzen und sich auf
ihren Rossen recht stattlich ausnehmen. Sie haben große
Sättel, welche viele Aehnlichkeit mit den orientalischen Sätteln
haben und gebrauchen auch die langen scharfen Stangen=
gebisse, welche die Bebuinen in Algerien führen. Man kann
überhaupt der ganzen mexikanischen Pferdehaltung und Reit=
kunst deutlich anmerken, daß sie von den Spaniern stammt
und diese wieder Vieles von den Arabern entnommen haben.

Als Packthier kaufte ich für einen ziemlich hohen Preis
ein Mulo oder Maulthier, wie solche in großer Menge in
allen mexikanischen Provinzen gezogen werden. Diese Maul=
esel besitzen hier in der neuen Welt so ziemlich alle die
vielen verschiedenen Eigenschaften, durch welche sie sich auch
bei uns im Süden von Europa und Algerien auszeichnen.
Sie sind ausdauernd, zähe, im Futter genügsam und leisten
auf Märschen viel mehr als ein Pferd, zeigen dagegen stets
Tücke, Boshaftigkeit und mitunter, wenn ihnen der Kopf
nicht gut gelaunt ist, eine fast unbezwingbare Störrigkeit.
Es mag leichter sein eine Kaffeegesellschaft von alten Klatsch=
schwestern zur Ruhe zu bringen oder ein verliebtes Mädchen
vor Thorheiten zu schützen, als einen störrigen Mulo, der
sich nun einmal in den Kopf gesetzt hat, etwas nicht thun
zu wollen, dazu zu zwingen. Prügel, ein so treffliches Mit=
tel solche auch sonst in allen ähnlichen Fällen bei Menschen

wie Thieren sind, erweisen sich bei einem störrigen Mul
als gänzlich wirkungslos und das Thier erträgt die heftig
sten Schläge mit der Ruhe des vollkommensten Stoikers.
Selbst die mexikanischen Arrieros (Packknechte), sonst die besten
Maulthiertreiber, die ich kenne, vermögen mitunter die Störrigkeit ihrer Mulos, trotz der raffinirtesten Mittel, welche sie
dagegen anwenden, nicht zu bezwingen und müssen ihnen
wenigstens für eine Weile ihren Willen lassen.

Zur Wartung meiner Pferde und meines Mulo nahm
ich in Orizaba einen solchen mexikanischen Arriero in meinen
Dienst. Der Bursche war ein Mestize und eigentlich der
faulste, diebischte, unverschämteste Hallunke, mit dem ich jemals in nähere Berührung kam. Alle diese vielen schlech=
ten Eigenschaften ertrug ich jedoch geduldig, da er gut mit
meinen Thieren umzugehen verstand, auf Märschen von
großer Ausdauer und Genügsamkeit war, und eine seltene
Geschicklichkeit besaß, in der Geschwindigkeit oder auch nächt=
lichen Dunkelheit die Thiere zu packen und zu satteln. Für
einen Offizier im Felde ist ein solcher Bedienter von großem
Werthe und ich ertrug deshalb auch längere Zeit mit aller
Geduld alle seine vielen schlechten Eigenschaften. Unser Ver=
hältniß wurde jedoch in Mexiko auf eine sehr tragische Weise
gelöst. Der Kerl fühlte plötzlich das Verlangen in sich, zu
der Armee unseres Gegners Juarez überzulaufen, wo solche
Strolche freilich auch die größte Gesellschaft ihres Gleichen
finden, und hielt es für gut, für diese Reise ein Pferd und
eine Börse mit 50 Napoleon'dors von mir zu stehlen. Glück=
licher Weise entdeckte ich den Verlust schnell genug, um dem

Dieb noch nachſetzen zu laſſen. Es gelang einer Patrouille
unſerer Chaſſeurs d'Afrique, den Kerl einzuholen und mit
noch einem Kompan feſtzunehmen. Bei dieſer Arreſtation
zog er aber ſchnell ein Dolchmeſſer und verwundete einen
unſerer Soldaten ziemlich tief an der Schulter. Jetzt war
ſein Schickſal beſiegelt. Er ward vor das Standgericht ge=
ſtellt, natürlich zum Tode verurtheilt und einige Stunden da=
rauf auch erſchoſſen. Solche ſchnelle und unerbittliche Strenge
iſt bringend nothwendig, wenn wir überhaupt Ruhe und
Ordnung in Mexiko ſtiften und die vielen Hallunken, welche
das Land in nur zu reicher Menge beſitzt, einigermaßen in
Ordnung halten wollen.

Die Lage von Orizaba, in welcher Stadt ich nun einige
Wochen verlebte, iſt ebenſo geſund wie angenehm, und hier
erſt lernt man ſo recht die vielen Vorzüge, welche die „Tierra
templaba“ des mexikaniſchen Staates beſitzt, erkennen und
ſchätzen. Und welche prachtvolle Vegetation iſt hier; wahr=
lich mit dieſen Palmen, Orangen und Cypreſſen, welche hier
gedeihen, können die derartigen Bäume in Algerien doch
nicht verglichen werden. Auch die Stadt ſelbſt iſt wohlge=
baut und enthält, wie alle mexikaniſchen Städte, beſonders
einige prächtige Kirchen und große Klöſter. Welche Macht
hier die Geiſtlichkeit und beſonders das Mönchsthum be=
ſeſſen haben müſſen und wie die Pfaffen allen ihren Ein=
fluß darauf verwandten, um Schätze über Schätze zuſammen=
zuraffen und für ihre Zwecke zu verwenden, lernt man immer
mehr erkennen, je länger man im mexikaniſchen Gebiete ver=
weilt. Sieht man prächtige, oft mit dem Aufwand von

vielen Millionen erbaute Gebäude, so sind dies sicherlich
Kirchen und alle größeren gut erhaltenen Häuser dienen
gewiß zu Wohnsitzen der Mönche und Geistlichen. Es ist
hier eine so starke, festgegliederte und, das ganze Land nur
für sich auszubeuten suchende Hierarchie, wie ich solche selbst
im Kirchenstaate nicht ärger fand, und die Stadt Mexiko ist
ein ärgeres Pfaffennest als selbst Rom, und das will doch
in der That viel sagen. Hierin gibt es hier noch einen
wahren Augiasstall für den zukünftigen Herrscher des Landes auszuräumen und er wird viel zu thun haben, bevor
er nur einigermaßen damit fertig wird.

In der reizenden Umgebung der Stadt Orizaba zog
mich besonders der Anblick des mächtigen, hoch in den Himmel hineinragenden Vulkans, der ebenfalls Orizaba genannt
wird, sehr an. Wir machten mehrere Ausflüge bis zum
Fuß dieses sehr hohen Berges, wo der reichste Pflanzen-
wuchs das Auge erfreut, und ich hätte gerne versucht dessen
Gipfel zu ersteigen, wenn ich nur Zeit und Gelegenheit dazu gehabt hätte. Da mir aber Beides fehlte, mußte ich mich
begnügen den Vulkan von unten auf zu bewundern und mich
besonders daran zu erfreuen, wenn die Strahlen der unter-
gehenden Sonne seinen Gipfel vergoldeten, so daß die aus
dem Krater oft aufsteigende Rauchsäule einem riesigen goldenen Barett glichen. Die Mexikaner behaupteten, daß der
Orizaba nicht zu besteigen sei und noch niemals eines Menschen Fuß dessen Gipfel betreten habe; später erfuhr ich jedoch, daß vor einigen Jahren ein deutscher Naturforscher,
nach Ueberwindung zahlloser Mühseligkeiten, es möglich ge-

macht habe, den Berg zu ersteigen und oben meteorologische Beobachtungen anzustellen.*) Darin seid Ihr Deutsche doch ganz eigenthümliche Menschen. Wenn es gilt für die Wissenschaft Opfer zu bringen und neue Entdeckungen zu machen, scheuen Eure Reisenden weder Mühe noch Gefahren und die deutschen Naturforscher und Geographen sind die muthigsten, unternehmungslustigsten, in jeder Hinsicht das Größte leistenden Menschen, welche ich kenne, sollt Ihr aber in der Politik einig sein und dem Auslande gegenüber kräftig auftreten, so herrscht bei Euch alsbald Kleinlichkeit, Uneinigkeit, Philisterhaftigkeit und darum natürlich klägliche Schwäche.

Einige Wochen war ich bereits in Orizaba gewesen, als ich den Oberbefehl über eine größere Expedition erhielt. Unser Zweck war, die Gegend theils von Guerilleros der Juarezschen Partei, welche so frech waren bis in unsere Nähe umherzustreichen, zu säubern, theils auch größere Transporte von Lebensmitteln für unsere Besatzung herbeizuschaffen.

---

*) Der Besteiger des Orizaba war der rühmlichst bekannte Naturforscher Baron v. Müller aus Württemberg, der das mexikanische Gebiet für wissenschaftliche Zwecke längere Zeit bereiste und sehr werthvolle Entdeckungen lieferte. Sein kürzlich erschienenes großes Reisewerk über Mexiko ist nicht allein interessant und lebendig geschrieben, sondern enthält auch eine Menge höchst gediegener Bemerkungen über alle Zustände dieses Landes. Wir können dies bei Brockhaus in diesem Jahre erschienene Werk Allen, die sich für Mexiko interessiren, was in jüngster Zeit durch die Wahl des Erzherzogs Max zum Kaiser von Mexiko und dessen Abreise dahin für uns Deutsche eine erhöhte Bedeutung gewonnen hat, auf das Beste empfehlen. Anm. des Herausgebers.

Mein Kommando bestand aus 200 Zuaven, 80 Chasseurs
b'Afrique und einigen 30 mexikanischen Reitern, welche zu
unserer Partei gehörten. Letztere sollten besonders als
Führer dienen, wozu sie sich ihrer Lokalkenntniß wegen vortrefflich eigneten, denn das eigentliche Kämpfen gehörte gerade nicht zu ihren besonderen Liebhabereien. Mein Streif-
zug, der einige Wochen dauerte, war zwar mit vielen Strapazen und Beschwerden aller Art verknüpft, brachte jedoch
auch wieder manche Abwechslung und Unterhaltung und
gewährte mir viel Vergnügen. Das Wetter war größtentheils vortrefflich und erlaubte das Bivouakiren und so zog
ich es denn fast immer vor im Freien zu bleiben statt in
den elenden schmutzigen, von Ungeziefer aller Art wimmeln-
den Mesones oder Wirthshäusern, die wir häufig fanden, zu
übernachten. Eine Serape oder dicke gewirkte mexikanische
Decke, welche ein vortreffliches Gewebe ist, und überhaupt mir
hier in Mexiko schon so vortreffliche Dienste leistete, daß ich
solche jedenfalls auch bei zukünftigen Kriegszügen, an denen
es uns hoffentlich über kurz oder lang auch in Europa nicht
fehlen wird, mit mir nehmen werde, ward auf eine Unter-
lage von Laub gebettet und gab das vortrefflichste Lager,
dazu das Sattelkissen als Kopfkissen und mein alter treuer
Bournuß, der mir schon in Algerien, der Krim, Italien und
China bei zahllosen ähnlichen Bivouaks die besten Dienste
geleistet hatte, als Decke zum Zudecken, so schlief es sich unter
Gottes weitem, blauem Sternenzelt vortrefflich. Nur mit
der Verpflegung sah es bei diesen Streifzügen in die Kreuz
und Quere oft nur ziemlich mäßig aus und Schmalhans

war Küchenmeister, wie dies im Feldleben überhaupt gar
häufig geschieht. Oft hatten wir den ganzen lieben langen
Tag nichts weiter zu essen, als diese verdammten Frijoles
oder Bohnen, dies Leib und Nationalessen der Mexikaner,
was bei ihnen so ziemlich die gleiche Stelle vertritt, als die
Kartoffel bei Euch in Norddeutschland. Menschen wie Thiere
essen dann des Morgens, Mittags und Abends Bohnen und
immer wieder Bohnen, was doch eigentlich eine verdammt
trockene Speise ist, der ich niemals sonderlichen Geschmack
abgewinnen konnte. Mitunter fehlten auch diese Frijoles
und es gab dann die kleinen flachen Maisbrode oder Tortillas, welche in Mexiko fast überall die Stelle des Brodes
vertreten. Diese Tortillas gleichen im Geschmack ungemein
den Mazes oder Kuchen aus ungesäuertem Waizenteig, welche
die Juden in Deutschland an hohen Festtagen genießen und
sind ein fades, nach Nichts schmeckendes Gebäck. Als Getränk hatten wir häufig Pulques, so heißt ein in Gährung
übergegangener, süßer Saft aus der Blüthenkrone der Agave.
Dieser Pulques ist eben so wie das Bier in Bayern, der
Cider in der Normandie, der schlechte, dünne Cichorienkaffee
in Sachsen, der Quas in Rußland, der Thee in China, das
Porter in England und der Wißky in Irland, das National-
getränk in Mexiko und wird gleich den Frijoles und Tortillas von Alt und Jung, Mann und Weib, Vornehm und
Gering, in ungeheuren Quantitäten getrunken, daher große,
fast unabsehbare Felder fast nur mit Agaven zu diesem
Zwecke bebaut werden. Wenn der Pulques frisch ist, so hat
er einen angenehmen, süß-säuerlichen Geschmack, kühlt und

erfrischt das Blut und löscht den Durst, daher ich stets mit
vielem Vergnügen davon trank. Aelterer und mehr in
Gährung übergegangener Pulques schmeckt mir nicht son=
derlich mehr, wurde aber gerade in dieser Beschaffenheit von
den meisten Mexikanern mit vieler Leidenschaft getrunken.
Ungefähr 8 Tage war ich mit meinem Kommando schon
umhergezogen und hatte bereits zahlreiche Transporte von
mit Lebensmitteln beladenen Mulos unter starker Eskorte
nach Orizaba gesandt, daher mein Kommando fast schon
bis zur Hälfte geschwächt war, als ich durch einen Spion
die Nachricht erhielt, daß ein starker, wohl über 300 Mann
zählender Hause feindlicher Guerilleros unweit des Engpasses
von Chiquite lagern solle. Zwar hatte ich nur noch 120
Zuaven und 40 Chasseurs d'Afrique bei mir, allein dies
genügte für 3—400 feindliche Mexikaner vollkommen. So
beschloß ich denn wo möglich die Feinde zu umzingeln und
anzugreifen. Unter der Führung eines alten, erprobten
Capitains, auf dessen Geschicklichkeit und Tapferkeit ich mich
in jeder Hinsicht verlassen konnte, sandte ich nun 40 Zuaven
und 10 Chasseurs auf Umwegen fort, um den Feinden in
den Rücken zu fallen, den Haupttrupp behielt ich aber unter
meiner speziellen Führung zum Angriff von Vornen. Es
war eine schöne, helle, warme Mondscheinnacht als wir
gegen Mitternacht von der Hacienba, wo wir zuletzt gelagert
hatten, abmarschirten um dann mit Anbruch des Tags den
Angriff zu unternehmen. Der Gedanke, jetzt bald an den
Feind zu kommen und für Frankreichs Ruhm zu fechten,
versetzte uns alle in die heiterste Stimmung und ich hatte

Mühe bei meinen Soldaten das Lachen, Singen und lustige
Plaudern, womit sie sich sonst so gerne die Langeweile der
nächtlichen Märsche zu verkürzen lieben, zu unterdrücken.
Möglichste Stille war aber für unsern Zweck ganz unum=
gänglich nothwendig, wenn wir die Feinde überraschen woll=
ten, daher jedes Geräusch strenge untersagt war.

Die Wege, welche uns die Mexikaner führten, waren bei
einem Nachtmarsche gefährlich und beschwerlich genug. Es
galt oft schmale Fußwege, die hoch an Bergen dicht neben
Bächen und Schlünden vorbeiführten, zu passiren, wo jeder
Fehltritt eines Einzelnen sehr leicht gefährlich werden konnte.
Die kleinen mexikanischen Pferde klettern aber wie die Katzen
und gehen überhaupt äußerst sicher und wenn man den
Thieren nur ihren freien Willen läßt und nicht in die Zügel
greift, so hat man so leicht kein Stolpern zu befürchten. So
passirten wir denn, ohne den mindesten Unfall, mehrere ge=
fährliche Engpässe und langten gegen Morgen in einer
großen Thalebene an. Nur ein Wäldchen von Cypressen
und Bananen trennte uns noch von dem Feinde. Ich sandte
nun einige Zuaven und unter ihnen den bei solchen Ge=
legenheiten unübertrefflichen „Henri le Capuzin" als Schleich=
patrouille fort, um den Aufenthalt der Feinde zu erspähen.
Wie die Schlangen so leise und gewandt wanden sich die
Burschen zwischen den Baumstämmen hindurch, und kehrten
nach einer halben Stunde, die uns in großer Spannung
verging, mit der frohen Botschaft zurück, daß sie das Bi=
vouak der Feinde entdeckt hätten. Als ich Henri frug, wie
stark der Feind wohl sein möge, gab er mir die etwas un=

verschämte Antwort: „Pah, mein Kommandant, Sie wissen
ja, daß ein französischer Soldat die Stärke der Feinde nie=
mals zählt, wenn es zum Angriff gehen soll." Ich ver=
wies ihm solche Antwort, und sagte, er würde von mir
niemals wieder auf eine Rekognoscirpatrouille geschickt wer=
den, da er zu ungeschickt hierzu sei. Sehr kleinlaut bat
er nun um Entschuldigung. Ein anderer sehr erfahrener
Zuave meldete, daß er die Zahl der Feinde wohl auf 300
Mann schätze, so weit man dies nach den Lagerplätzen be=
urtheilen könne. So war denn die Meldung unseres mexi=
kanischen Führers eine richtige gewesen. Auf einem etwas
breiteren Pfade gingen wir nun durch den Wald. Die
Sonne war gerade im Aufgehen begriffen und ihre ersten
Strahlen färbten schon die Gipfel der riesigen Bäume mit
goldenem Schein, als wir aus dem Walde heraus auf eine
breite Thalebene kamen. In der Entfernung von 16—1800
Schritten vor uns, waren die aus Laub geflochtenen Lager=
hütten der feindlichen Guerilleros. Ein Vorposten derselben
bemerkte unseren Austritt aus dem Wald und allarmirte
sogleich seine Kameraden. In höchster Eile stürzten diese
aus ihren Hütten und schwangen sich auf die ungesattelten
Pferde, die sie schnell aufgezäumt hatten. Jetzt, da wir
doch einmal entdeckt waren, galt es auch für uns schnell
anzugreifen. Ein lautes „vive l'empereur" erscholl und
im Laufschritt liefen die Zuaven dem Feinde entgegen, wäh=
rend unsere Chasseurs d'Afrique, die mit ihren Pferden im
Walde nicht so schnell hatten folgen können, noch etwas zu=
rückgeblieben waren. Da meine 120 Zuaven von den feind=

lichen Reitern, die wohl an 340—350 stark sein mochten,
leicht hätten über den Haufen geritten werden können, so
ließ ich schnell das Signal zum Sammeln und Quarree
formiren blasen. Es gelang uns auch nun eiligst einen
dichten Haufen zu formiren. In vollem Galopp ihrer Pferde
stürmten nun die mexikanischen Guerilleros auf uns ein. Diese
Reiterschaar auf ihren ungesattelten, kleinen, muthigen Heng=
sten mit langwallenden Mähnen und Schweifen, im vollen
Glanze der Morgensonne auf uns einsprengen zu sehen, ge=
währte einen sehr hübschen Anblick, der mir stets unvergeß=
lich bleiben wird. Das ganze Schauspiel erinnerte ungemein
an die Reiterangriffe, welche die marokkanischen Reiter in
Algerien wiederholt auf uns machten und deren du dich auch
gewiß noch mit vielem Vergnügen erinnern wirst. Diese
mexikanischen Guerilleros sind meist hagere, sehnichte Männer
mit braunen, schwarzbärtigen Gesichtern, die mehr Muth
scheinen lassen, als ihre Inhaber in der Regel zu besitzen
pflegen. Ein großer, breitrandiger Hut, Sombrero genannt,
eine kurze Jacke und lange Pantalons, über welche die Wohl=
habenderen unter ihnen, eine Art unten aufgeschlitzte, mit
Knöpfen und bunten Stickereien oft reich verzierte Ueber=
hosen, „Chiouras" genannt, zu tragen pflegen, bilden ihren
Anzug. Als Mantel, warmes Oberkleid und Decke dient
ihnen die, gewöhnlich in den buntesten Farben gewirkte
Serape, welche die meisten Mexikaner in sehr malerischen
Falten um sich zu hüllen verstehen. Als Waffe führen sie
eine lange Lanze, einen Säbel und ein Paar Pistolen. Alle
diese Waffen sind jedoch häufig nicht in gutem Zustande

und werden von ihren Besitzern auch selten geschickt und
muthig gebraucht, daher denn auch die mexikanischen Reiter
selten besonders gefährliche Feinde abgeben. Sie reiten sonst
sehr muthig und gewandt und verstehen es mit den scharfen
Stangen und den langen Sporen, an denen sehr spitze, fast
einen Sous große Räder klirren, ihre Pferde ungemein
schnell herumzutummeln.

Als sich diese Reiter uns wohl auf 3—400 Schritte genähert haben mochten, befahl ich meinen Soldaten Feuer
auf sie zu geben. Leider war der ungemein starke Thau
während der Nacht im Walde in die Gewehre gedrungen
und da wir keine Zeit gehabt hatten die Ladung nachzu-
sehen, so versagte über die Hälfte der Schüsse. Trotzdem
reichte aber die gegebene Salve vollkommen aus, den Reiter-
haufen auseinander zu sprengen, so daß die meisten Guerilleros eiligst umdrehten und im schnellsten Lauf davon-
jagten. Ungefähr 10—12 todte und verwundete Pferde und
8—9 todte oder verwundete Reiter lagen aber am Boden.
Ich hoffte nun, meine andere Abtheilung würde jetzt erscheinen, den Feinden in Rücken fallen und ihnen so die Flucht
versperren, daß wir sie hätten alle gefangen nehmen können.
Der Kapitän war aber aus Nachlässigkeit, oder wie ich
eigentlich wohl glaube, aus Verrätherei des mexikanischen
Führers irre geführt worden und hatte in der Nacht durch
Busch und Thal einen so weiten Umweg machen müssen,
daß er erst 4 Stunden nach beendetem Kampfe mit seiner
gänzlich ermüdeten Mannschaft am Engpasse von Chicuite
anlangte. So gelang uns denn die Gefangennahme des

ganzen Trupps nicht. Inzwischen waren nun auch unsere Chasseurs einzeln aus dem Walde hervorgekommen und setzten den fliehenden mexikanischen Guerilleros nach. Ihre Pferde waren aber theils durch die Strapazen der letzten Tage schon etwas ermüdet, theils auch zu schwer bepackt, als daß es ihnen gelang, die meisten Mexikaner, die auf ihren ungesattelten frischen Hengsten wie die Pfeile über die Ebene dahinflogen, noch einzuholen. Nur einige 20 Mann, die entweder langsamer oder schon auf verwundeten Pferden ritten, holten sie noch ein und nahmen sie gefangen oder hieben sie zusammen, wenn sie sich widersetzen wollten, was aber nur in seltenen Ausnahmsfällen geschah. Auch ich selbst konnte meine Kampflust jetzt nicht mehr zügeln, drückte meinem kleinen Mustang die Sporen ein und setzte den fliehenden Guerilleros nach. Einer ihrer Offiziere, ein junger, sehr schöner Mann mit sehr bunter Serape und reich gestickten, weit flimmernden Chivaras, hielt sein Pferd wiederholt an und bemühte sich, seine fliehenden Reiter zu sammeln und zum ferneren Kampfe zu ermuthigen, was ihm aber nicht gelingen wollte. Er ritt einen runden, schönen, goldbraunen Hengst von edelster Rasse, auf dem er wie angegossen saß. Ich hatte mich ihm inzwischen so weit genähert, daß ich ihm zurufen konnte, er solle Pardon nehmen. Mit einem heftigen spanischen Fluche riß aber der Mexikaner sein Pferd herum und schoß seine Pistole wohl noch 110—12 Schritte entfernt auf mich ab. Die Kugel war gut gezielt gewesen, denn sie schleuderte mir meine Mütze vom Kopfe herab. Ich feuerte nun auch zwei Schüsse aus meiner langen doppelläufigen Pistole ab, traf aber beidemal nicht, entweder weil ich zu hitzig war, um bedächtig zielen zu können, oder weil mein Pferd etwas scheute. Wüthend sprengte ich nun auf meinen Gegner ein, um ihn mit dem Säbel anzugreifen. Er wartete aber diesen Zweikampf nicht ab, sondern wendete sein Pferd wieder um und sprengte fort und ich in voller Kampflust hinter ihm drein. Eine ziemlich breite Schlucht, in der ein kleiner Gebirgsbach rauschte, lag vor uns und ich hoffte nun, daß die Flucht des Mexikaners dadurch aufgehalten und er zum Zweikampf genöthigt sei. Schon freute ich mich sein edles Roß bei dieser Gelegenheit zu erbeuten, denn daß ich meinem Gegner in der Handhabung des Säbels überlegen sein würde, daran zweifelte ich keinen Augenblick. Ich hatte aber die Rechnung ohne den Wirth gemacht. Bei der Schlucht angekommen, stieß der Mexikaner einen hellen pfeifenden Ton aus und hieb dabei seinem Hengst mit aller Gewalt die Sporen in die Flanken. Das edle Thier hob sich hoch in die Höhe und schnellte dann mit gewaltiger Sprungkraft über die breite Schlucht. Es war dies ein Sprung, wie ich solchen früher niemals für möglich gehalten haben würde. Mit meinem schon etwas matten Mustang auch nur den Versuch zu wagen, diesen Satz über die Schlucht zu machen, wäre reiner Wahnsinn gewesen, da ich mir unfehlbar dabei das Genick gebrochen haben würde. So blieb ich denn am Rande halten und machte, wie ich glaube, ein etwas verdutztes Gesicht. Der Mexikaner drehte wieder am jenseitigen Ufer sein edles Thier, welches ich jetzt, nach dem so eben gesehenen Beweis feiner außerordentlichen Kraft, doppelt so gerne als früher gehabt hätte, wieder um, rief mir einige höhnende Worte zu, feuerte nochmals einen Schuß auf mich ab, daß mir die Kugel um die Ohren pfiff und sprengte davon. Recht miß= muthig ritt ich zu meinen Leuten, die indessen in das ver= lassene Bivouak der Guerilleros eingedrungen waren, zurück. Auf dem Wege dahin fand ich einen mexikanischen Reiter, dessen Pferd gestürzt war, neben dem liegenden Thiere. Ich hätte kaum auf ihn geachtet, allein schon von Weitem rief er mir mit gefalteten, flehenden Händen und einer ungemein kläglichen Stimme zu: „Quartel por el amor de dios“. Lachend gewährte ich ihm seine Bitte und befahl ihm zu folgen.

Auf den Lagerplätzen der Guerilleros machten meine Leute reiche Beute an Sattelzeug, was theilweise zwar nur äußerst schlecht, mitunter aber auch werthvoll war, einigen Waffen, dann einem Dutzend Maulesel und einem Vorrath von Lebensmitteln. Um allen Streitigkeiten und Unord= nungen vorzubeugen, hatte ich schon vorher bestimmt, daß sämmtliche Beute zusammengetragen und dann in Orizaba für gemeinsame Rechnung der Soldaten verkauft werden solle. Dies geschah denn auch später, und jeder Soldat, der an dieser Expedition mit Antheil genommen hatte, erhielt für seinen Theil ungefähr 4 Napoleond'ors. Wir Offiziere partizipirten natürlich nicht bei dieser Vertheilung, doch hatte sich Jeder von uns als Andenken einige Waffen oder eine Serape oder einen mexikanischen Sattel ausgesucht. War zwar eigentlich der Hauptzweck dieses ganzen Angriffes, die

Schaar der Guerilleros abzuschneiden und völlig zu vernichten, mißglückt, so konnte ich sonst immerhin mit den ge-
wonnenen Resultaten zufrieden sein. Außer unserer Beute
und dem Umstande, daß wir sämmtliche Guerilleros ihres
Sattelzeuges beraubt hatten, waren 7 von ihnen getödtet
und 34 verwundet oder gefangen genommen worden. Unter
den Geflohenen mag auch wohl noch Mancher gewesen sein,
der eine Wunde mit fortgenommen hat. Unser Verlust bestand aus drei leicht verwundeten Soldaten und einem ge-
tödteten Pferde. Außerdem war ein Chasseur d'Afrique bei
der Verfolgung gestürzt und hatte sich eine Rippe gebrochen.

Da wir von dem Nachtmarsche etwas erschöpft waren,
außerdem auch die Ankunft des Kapitäns mit seinem Detachement abwarten mußten, so ließ ich auf dem Bivouak-
platz der Guerilleros bis gegen Abend Rast machen. An
Tortillas, Frijoles, Pulques und Chokolade, dann auch an
gedörrten Maiskörnern, erbeuteten wir einen ziemlichen Vorrath und daraus mußten unsere Soldaten versuchen, sich
ihre Mahlzeiten zu bereiten. Ihre seltene Geschicklichkeit im
Kochen, in welcher edlen Kunst unsere französischen Soldaten
eine wirkliche Meisterschaft besitzen, zeigte sich auch bei dieser
Gelegenheit wieder glänzend und sie bereiteten einige ganz
schmackhafte Gerichte, von denen die gefangenen Mexikaner
auch ihr gehöriges Theil bekamen. „Nach gethaner Arbeit
ist gut ruhen“ heißt es und nachdem wir die nöthigen Vor-
sichtsmaßregeln gebraucht hatten, um nicht etwa heimlich
überfallen zu werden, obgleich die Mexikaner selbst selten
die Franzosen angreifen, sondern sich fast immer nur auf

die Defensive beschränkt werden, streckten wir uns behaglich unter dem Schatten hochstämmiger Bäume hin, um während der heißen Mittagsstunden einen langen Schlaf zu thun und uns somit für die verlorne Nachtruhe zu entschädigen. Im Allgemeinen war ich doch über den Ausgang dieses kleinen Scharmützels erfreut, obgleich ich mich freilich darüber ärgerte, daß es uns nicht gelungen war die ganze Bande gefangen zu nehmen. Einige Tage später langte ich, ohne weitere sonderliche Abenteuer noch bestanden zu haben, mit meinem Detachement wieder in Orizaba an, wohin ich die Gefangenen und die Beute schon vorher abgeschickt hatte.

Wir fingen uns schon allmählich zu langweilen an, als neulich die nöthigen Verstärkungen vom Kaiser aus Frank= reich uns nachgeschickt waren, um mit dem gehörigen Nach= druck gegen Puebla geriren zu können. „Puebla de los Angelos“, wie die blumenreiche, spanische Sprache sie nennt, ist in jeder Hinsicht nächst der Hauptstadt, die schönste, reichste und wichtigste Binnenstadt des ganzen mexikanischen Reiches. Sie ist voll stolzer Paläste, meist von höheren geistlichen Würdenträgern bewohnt, und weitläufiger Klöster, und hohe Kuppeln und Thürme prachtvoller Kirchen ragen aus ihr in den tiefblauen mexikanischen Himmel hinein. Auch die Lage der Stadt ist reizend und dabei sehr zur Vertheidigung geeignet. Die Juarezsche Partei hatte diese Bedeutung von Puebla auch richtig erkannt und mit kluger Berechnung aller Um= stände beschlossen, ihre Hauptkraft in die Vertheidigung dieser Stadt zu setzen. Große Anstrengungen waren hiebei gemacht worden und da die Juarezsche Partei nicht genug fähige Offi=

ziere dazu in ihrer eigenen Mitte besaß, hatte man solche
aus allen Ecken und Winkeln der Fremde herbeizuschaffen
gesucht. Besonders über 100 revolutionäre Italiener, die zu
Hause ihr wühlerisches Treiben nicht fortsetzen konnten, da die
Regierung des Victor Emanuel dem Garibaldi=Schwindel
bei Aspromonte mit leichter Mühe ein schnelles Ende ge=
macht hatte, waren hierher geeilt, um in Mexiko gegen uns
Franzosen zu kämpfen. Es war dies zwar in höchstem Grade
undankbar von diesen Italienern, denn wir französischen
Soldaten des Kaisers Napoleon hatten die Oesterreicher aus
der Lombardei vertrieben, was sämmtliche Freischaaren wahr=
haftig mit ihrer eigenen Kraft nicht vermocht hätten, und
durch unsere Hülfe war es allein gelungen, ein sogenanntes
„Italia unita‟ zu schaffen. Doch was frugen diese italie=
nischen Demokraten hiernach und wie kann man überhaupt
wohl Ehrgefühl und Dankbarkeit von einer solchen Klasse
von Menschen erwarten. Unter diesen italienischen Offizieren,
welche jetzt nach Puebla geeilt waren, befanden sich übrigens
mehrere sehr geschickte Ingenieure, wie denn die Italiener
in der Befestigungskunst häufig Bedeutendes leisten. So war
denn Puebla sehr stark und gut befestigt und auch im Innern
der Stadt waren Schanzen, Minen und Barrikaden auf eine
sehr kunstverständige Weise angelegt worden. Außer diesen
Italienern fochten auch mehrere Nordamerikaner, dann auch
einzelne polnische und deutsche Demokraten, kurz Agenten der
revolutionären Partei aus ganz Europa, in den Reihen
der Mexikaner und suchten diese zum hartnäckigsten Wider=
stand zu ermuthigen. Noch mochte dies immerhin geschehen;

hatte unfer Kaifer Napoleon in Europa die ganze demokra=
tifche Partei geknebelt, fo wollten wir hier in der neuen
Welt auch fchon mit deren Agenten und zerfprengten Flücht=
lingen fertig werden. Unfere franzöfifchen Fahnen follten
und mußten daher auch in Puebla de los Angelos wehen
und waren wir mit Sebaftopol zuleßt fertig geworden, fo
konnte uns hier der Sieg fchließlich auch nicht fehlen. Zwar
mußten einige hundert brave franzöfifche Soldaten hiebei
ihr Leben opfern, allein der Ruhm unferer Armee ward da=
durch doch noch mehr gefteigert, daß es uns gelang die
Stadt troß ihrer hartnädigen Vertheidigung zu erftürmen,
und wenn dies der Fall ift, haben wir ftets Soldaten genug,
um kein Opfer fcheuen zu dürfen.

So begann denn unfere Belagerung und fchließliche Er=
ftürmung von Puebla; deren Details aus den Zeitungen
genügend bekannt find. Zuerft mußte unfere brave Artil=
lerie die Hauptarbeit verrichten und fie that dies auf eine
Weife, wie man folche von der franzöfifchen Artillerie fchon
gewohnt ift. Unfere Artilleriften hatten eine gute Schule
vor Sebaftopol gemacht, wie man ftark befeftigte Städte zu=
fammenfchießen müffe und zeigten jeßt, daß fie das dort
Gelernte auch jeßt in Mexiko zu benußen wußten. Es krachte
und donnerte ganz gehörig, obgleich freilich dies Bombar=
dement dem, was an einigen Tagen bei Sebaftopol herrfchte,
nicht gleich kam. Solch gewaltiges Gekrache, wie damals
ertönte, habe ich niemals wieder gehört und werde es auch
wohl fchwerlich wieder hören. Bei unferer Artillerie vor
Puebla thaten auch zwei preußifche Offiziere als Volontaire

Dienst, deren Geschicklichkeit und Tapferkeit ich vielmals rühmen hörte. Ich kann nicht läugnen, daß mir überhaupt von allen Truppen, welche ich bei meinem wiederholten Aufenthalt in Deutschland sah, die preußischen bei Weitem am Besten gefallen haben und ich sie für besonders tüchtig halte, obgleich manches Steife und Gezwungene in ihrer Haltung uns französischen Offizieren befremdend auffällt. Man merkt es den Preußen schon deutlich an, daß sie einer großen ruhmreichen Armee angehören und dies allein schon verleiht ihnen einen erhöhten Werth in meinen Augen.

Als dann unsere Batterien tüchtig vorgearbeitet und die Außenwerke so weit in Trümmer geschossen hatten, daß wir stürmen konnten, kamen auch wir Infanteristen noch recht gehörig daran. Die Soldaten meines Bataillons waren schon ganz ungeduldig geworden, als ob sie am Ende gar nicht am Sturme theilnehmen würden, ich beruhigte sie jedoch, daß sie noch ihr gehöriges Theil Arbeit bekommen würden. Sacre dieu, ich hatte mich auch nicht getäuscht und als wir in eine dieser engen Straßen von Puebla hineinstürmten und plötzlich vor einer hohen, kunstvoll aus Quadern erbauten Barrikade standen, bekamen wir einen sehr unsanften Empfang und manch guter Soldat, der schon auf vielen blutigen Wahlstätten für Frankreichs Ruhm gefochten hatte, mußte hier aus dem Leben scheiden. Auch ich selbst erhielt einen Streifschuß in die Seite und dadurch meine fünfte Kriegswunde. Meine Kampflust war aber so aufgeregt, daß ich anfänglich auf diese leichte Wunde gar nicht achtete, bis mich ein Offizier auf das herunter tröpfelnde

Blut aufmerksam machte. Nun, es hatte nicht viel zu be-
deuten. Einem todten mexikanischen Offizier ward seine breite
seidene Schärpe abgebunden und ein Zuave band mir solche
so fest um den Leib, daß das Bluten aufhörte und ich noch
den ganzen Tag im Dienst bleiben konnte. Es war Henri
le Capuzin, der mir mit vielgeübter Gewandtheit diesen
Liebesdienst leistete. Leider sollte es der letzte sein, den mir
der brave Bursche verrichtete. Schon am Morgen vor dem
Ausrücken war er an mich herangetreten und hatte mir die
Hand reichend gesagt. „Nun, mein Kommandant! ich will
Sie zuletzt noch um Verzeihung gebeten haben, wenn ich
Ihnen Verdruß gemacht, und danke herzlich für die Mühe,
die Sie sich mit mir gegeben. Ohne Sie würde ich schon
lange auf der Galeere gestorben sein". Als ich ihn nun
frug, weshalb er denn heute Morgen so feierlich sei, antwortete er: „Pah, mein Kommandant, weil es der letzte
Sturm ist, den ich mitmachen werde. Sie sollen sehen, ich
sterbe heute als braver Soldat.'

Ich hatte keine Zeit ihm zu antworten, denn in diesem
Augenblick ertönten die Signale, daß wir Kolonne formiren
und vormarschiren sollten. Bei dem Sturmangriff war ich
zufällig in die Nähe von Henri gekommen und sah, daß er
stets mit der Vorderste war und mit dem lauten Ruf „en
avant — en avant camerades — vive l'empereur"
wüthend vorstürmte. Als die große Barrikade uns ein
Hinderniß darbot, und wir einen Augenblick stutzten und
gegen das heftige Feuer, welches wir aus allen Fenstern
der Häuser erhielten, hinter den Ecken der Straßen Schutz

suchten, blieb Henri ohne die mindeste Deckung frei stehen
und obgleich ihn die Kugeln von allen Seiten umpfiffen,
schien er förmlich ihrer zu spotten. Einige schwere Schüsse
aus unseren Batterien, hatten endlich die mächtige Barrikade
so weit zerstört, daß wir versuchen konnten sie zu erstürmen.
Wie ein gereizter Tiger sprang Henri unter dem lauten Ruf
„vive l'empereur" wieder vor und war der Erste, der auf
der Barrikade stand. Da erhielt er einen Schuß durch die
Brust, daß er zurücktaumelte. Er schien sich noch einmal
wieder aufraffen zu wollen, rief mit letzter Kraft „en avant"
und brach dann todt zusammen. Schade um den braven
Kerl und doch fand er eigentlich einen schönen beneidens=
werthen Soldatentod und ward vielleicht dadurch von einem
späteren traurigen Alter gerettet.

Als wir erst einmal die Hauptbarrikade erstürmt hatten,
vermochten die Mexikaner nicht lange mehr Widerstand zu
leisten. Zwar versuchten einzelne Trupps, größtentheils aus
Fremden bestehend, sich uns noch entgegen zu werfen und
hie und da kam es in den engen Straßen, ja selbst in den
Höfen und Vorhallen und Gängen der großen Klöster noch
zu einem erbitterten Handgemenge, allein die Einnahme der
Stadt war schon unzweifelhaft. Ich focht persönlich noch
mit einem großen, schönen, sehr gewandten Mann, seinem
Aussehen und seiner Ausrufung nach einem Italiener, der mich
mit äußerster Wuth angriff. Nun, umsonst bin ich kein vor=
züglicher Fechter und meine treffliche bei der Alma eroberte
Damascenerklinge that, wie schon so häufig der Fall ge=
wesen, auch diesmal ihre Schuldigkeit wieder. So parirte

ich dann einen mächtigen Hieb, den der Italiener gegen mich
führte, ziemlich leicht und stieß ihm dann meinen Säbel
durch die Brust, daß er sogleich todt zusammenstürzte.

Wir trieben nun die Feinde immer heftiger vor uns her,
ihr Widerstand wurde immer schwächer, Tausende von Gefangenen wurden gemacht, andere ungeordnete Haufen stürzten sich in wilder Flucht aus der Stadt um sich zu retten,
und wurden dabei häufig von den nachsetzenden Chasseurs
d'Afrique niedergehauen oder gefangen genommen und so
war denn nach mehrstündigem Kampfe Puebla de los Angelos von uns erobert und die Tricolorfahne konnte auf dem
Thurme der schönen und großen Kathedrale der Stadt auf-
gezogen werden. Hurrah, das war denn wieder ein präch-
tiger Anblick, der das Herz jedes französischen Soldaten mit
Recht erfreuen mußte und um den Preis von einigen hundert Todten und Verwundeten, welche uns diese Eroberung
gekostet hatte, fürwahr nicht zu theuer erkauft worden. Wie
ich später hörte, hat der Kaiser Napoleon seine hohe Ge-
mahlin Eugenie zu ihrem Namenstage mit der Nachricht
von der Eroberung von Puebla überrascht und eine seltene
rothe Rosenart, die gerade an diesem Tage in den kaiserlichen Gärten zuerst aufblühte, hat den Namen der „Rose von
Puebla" erhalten. So etwas kann uns Soldaten schon erfreuen und wir haben den aufrichtigen Wunsch, daß es uns
noch recht oft vergönnt sein möge, die schöne Kaiserin an
ihrem Namenstage durch die Nachricht eroberter Städte zu
erfreuen.

Wir ruhten uns nun einige Tage in dem eroberten

Puebla aus und das Glück begünstigte mich, daß ich ein sehr angenehmes Quartier in dem Hause eines reichen Minenbesitzers erhielt. Er hatte in seiner Jugend große Reisen in Deutschland gemacht und auch zwei Jahre auf der berühmten Bergschule in Freiberg Bergwissenschaft studirt, wie er denn überhaupt ein sehr gebildeter Mann war. Da ich, wie du weißt, von meinem 12.—16. Jahre ebenfalls in Dresden erzogen bin, so freute sich dieser Mann ungemein, mit mir über Deutschland und gar über Dresden, für welche schöne Stadt er mit Recht eine besondere Vorliebe besaß, sprechen zu können. Wir sprachen auch mitunter deutsch mit einander und als ich zum Spaß einmal recht wie ein Dresdener Chaisenträger redete und ihm sagte: „Erlooben |Sie mein gutes Härrchen unn hären See, das kann Ihne schon sagen, denn sähen See, daß weeß ich selber niche. Ja das ist Sie schon wahre," konnte die kleine niedliche Frau des Bergwerksbesitzers mit Lachen kaum aufhören. Nun, ein Zuaven-Kommandant, der sächsisch spricht, mag auch wohl eine sehr komische Erscheinung gewesen sein, die nicht häufig vorkommt. Diese Frau war eine geborene Andalusierin und obgleich sie schon über die Jahre hinweg war, in denen die schnell verblühenden Spanierinnen noch hübsch zu sein pflegen, so hatte sie doch die lebhaftesten dunklen Augen, die kleinsten Füße und die schwärzesten Haare, welche ich jemals gesehen habe und mußte in ihrer Jugend überhaupt ein wahrer Engel gewesen sein. Es war in diesem Hause alles sehr geschmackvoll, reinlich und bequem eingerichtet und man sah, daß der Besitzer nicht allein ein reicher, sondern auch sehr

gebildeter Mann war. Ich wäre gerne noch längere Zeit in die=
sem, in jeder Hinsicht so vortrefflichen Quartier geblieben,
doch des Soldaten Schicksal im Felde ist ja Kommen und
Scheiden und seinen eigenen Willen darf er nie befragen,
sondern muß nur fremden Befehlen folgen.

Mit dem Fall von Puebla war die eigentliche Wider=
standskraft der Juarezschen Partei gebrochen; sie versuchte
nun nicht mehr sich in größeren Massen uns entgegen zu
werfen und was nun folgte, war eigentlich nur noch eine
Reihe mehr oder minder blutiger Guerilleros=Gefechte. Ebenso
wie die Truppen des Königs Victor Emanuel noch auf eine
lange Reihe von Jahren hin mit den Brigantinis im Nea=
politanischen sich werden umherplagen müssen, werden die
Soldaten des neuen Kaisers von Mexiko zu thun haben, das
Gesindel der Guerilleros auszurotten.

Wir glaubten, die Banden des Juarez würden wenig=
stens den Versuch machen, uns den Weg von Puebla nach
Mexiko zu erschweren, allein wider alles Erwarten, geschah
dies nicht. Unsere Kanonen und Bajonnette hatten ihnen
einen zu großen Respekt beigebracht, als daß sie es noch
fernerhin gewagt, sich uns im offenen Kampfe zu wider=
setzen. So hat denn mein Bataillon bis zu unserem Triumph=
einzug in der Stadt Mexiko, keinen Schuß mehr gethan und
meine Soldaten konnten ihre lebhafte Kampflust nicht mehr
befriedigen.

Ich habe in meinem Leben sehr viele schöne Städte ge=
sehen, selten aber wurde mein Auge durch einen prachtvol=
leren Anblick erfreut, als wie ihn die Stadt Mexiko dar=

bietet, wenn man sie zuerst von der Kuppe eines Hügels
erblickt. Es ist ein großes, breites, in der üppigsten Vegetation des Südens prangendes Thal, rings umschlossen von
hohen, in den malerischsten Formen ihre vielzackigen Häupter
in den blauen Himmel erhebenden Bergen, welches man vor
sich sieht, zwar sind die großen Seen, welche Mexiko früher
umgaben, jetzt größtentheils abgelassen und in grünende und
blühende Felder verwandelt, allein es ist immer noch genug
Wasser in klaren mäandrisch geschlängelten Flüssen und großen
Weihern vorhanden, als daß man dessen belebenden Anblick
entbehren müßte. Nennt man doch mit Recht das Wasser
das Auge der Landschaft und kann ich wenigstens für meine
Person gar keine Landschaft, und sei sie auch sonst noch so
großartig, anziehend finden, wenn solche des Wassers gänzlich entbehren muß. Mitten in diesem grünen üppigen Thale
liegt nun die alte großartige Stadt Mexiko. Die hohen
Kuppeln und Thürme der vielen großen Kirchen und Klöster,
welche die Stadt besitzt und die langen Reihen stolzer Paläste, die noch aus der früheren alten guten Zeit der spanischen Herrschaft, wo Ruhe und Ordnung und daher Fleiß
und Wohlstand im Lande herrschte, herstammen, verleihen
Mexiko, besonders aus der Ferne, ein großartiges Ansehen.
Man glaubt eine jener früher so stolzen und in der Neuzeit
so heruntergekommenen spanischen oder italienischen Städte,
wie Barcellona, Sevilla oder Padua, vor sich zu sehen. Freilich im Inneren des Orts ist viel Verfall, Schmutz und
Armuth, und man sieht überall wie nicht allein der Staat,
sondern auch die Stadt Mexiko in all und jeder Hinsicht

heruntergekommen sind, seit sie das Unglück hatten, daß die
sogenannte republikanische Staatsform in ihnen ihr Unwesen
trieb und dadurch, wie dies in allen Republiken stets der
Fall sein wird, ehrgeizige Abenteurer, intrigante Dema=
gogen und ähnliches Gesindel ihr freches Spiel treiben
konnte.

Es war ein so stolzer Anblick für uns französische Sol=
daten, als wir die im goldenen Abendsonnenschein vor uns
funkelnden Thürme und Zinnen der Hauptstadt Mexiko zu=
erst vor uns liegen sahen, daß meine Zuaven wie von selbst,
in ein lautes wiederholtes Jubelgeschrei ausbrachen. So
hatte unsere Kraft, Ausdauer und Tapferkeit denn abermals
ein hohes Ziel erreicht und fern vom schönen Frankreich und
durch des Oceans weite Fläche vom Vaterland getrennt,
hatten wir auf unseres Kaisers Befehl die Hauptstadt eines
Reiches, was an Areal größer als ganz Italien ist, erobert.
Und dergleichen Anblick einer besiegten Stadt hatte ich nun
schon öfters in Algerien, dann vor Sebastopol, Mailand
und Peking in China genossen.

Schon am ersten Abend, als wir in die weite Thalebene
von Mexiko hineinmarschirten und noch einige Leguas vor
den Thoren der Stadt unser Lager aufschlugen, kamen zahl=
reiche Einwohner der höheren Stände zu uns und baten,
daß wir unseren Einmarsch doch beeilen möchten, weil sie
eine Plünderung durch die Leperos, wie die besitzlosen Ecken=
steher und Bummler, von denen Mexiko viele Tausende ent=
hält, fürchteten. Die Schilderung, welche alle diese Männer
von der Anarchie und zugleich Despotie, die in letzter Zeit

unter dem sogenannten Präsidenten Juarez in der Stadt geherrscht hatten, uns machten, war sehr lebendig und trug dabei ganz den Stempel der strengen Wahrheit. Raub und Plünderungen aller Art, willkührliche Besteuerungen aller Besitzenden, unter dem Vorwand, daß sie zur reactionären Partei gehörten, und Einkerkerungen politisch mißliebiger Personen, alles im Namen des Fortschritts und der Freiheit, waren ganz an der Tagesordnung gewesen. Juarez und das Gesindel, aus dem er seine treuesten und eifrigsten Anhänger nahm, hatten ganz nach Lust und Belieben geschaltet und gewaltet und natürlich ihren Privatvortheil dabei am besten gewahrt. Es waren in Mexiko ganz die gleichen Zustände gewesen, wie solche in Frankreich im Jahre 1848 schon zu herrschen anfingen und sicherlich noch weiter um sich gegriffen hätten, wenn nicht unser Kaiser Napoleon im Dezember 1851 der ganzen Schwindelei ein kräftiges Ende gemacht hätte, und wie ihr in Deutschland in den tollen Jahren 1848 und 1849 solche ebenfalls erhalten hättet, wenn nicht glücklicher Weise noch gerade zur rechten Zeit der alte Wrangel in Berlin und Fürst Windischgrätz in Wien Eure Straßendemokraten gehörig auf die Finger klopften. Kein Wunder daher, daß unter solchen Umständen fast die ganze besitzende Klasse in Mexiko den Einzug unserer Truppen mit einem Jubel begrüßte, wie solcher gar nicht größer und aufrichtiger gedacht werden konnte. Was eine dankbare Bevölkerung nur alles ersinnen kann, wenn eine Befreiungsarmee in ihren Mauern einzieht, das geschah von den Mexikanern bei dem feierlichen Triumpheinmarsch unserer

Truppen. Es soll ein förmlicher Freudenrausch gewesen sein, der Alt und Jung, Weib und Mann an diesem schönen, in der Geschichte Mexikos glorreich dastehenden Tage ergriffen hatte. Leider war es mir nicht vergönnt, ein persönlicher Augenzeuge des feierlichen Einmarsches unserer Truppen -in Mexiko zu sein. Es hatten sich noch einige Banden, die in der letzten Zeit in der Hauptstadt selbst ihr Unwesen getrieben, in die Umgegend geflüchtet, um dort im Namen der Freiheit zu plündern und zu morden und ich erhielt den Befehl mit einem Streifkommando von einigen hundert Infanteristen und Kavalleristen umherzuziehen, um dies Gesindel auseinanderzujagen. So marschirte ich denn an dem Morgen, als unser Korps aufbrach, um in die befreite Hauptstadt unter dem feierlichen Geläute aller Glocken und dem jubelnden Rufe des Volkes einzumarschiren, zuerst nach dem alten großen Schlosse Chapultepec mit seinem prächtigen Park, was früher von den Vizekönigen als Sommerresidenz benützt wurde. War Alles hier jetzt auch auf das Aeußerste verwahrlost und halb zerfallen, so zeigte sich die Natur doch so großartig und der Park war besonders so reich an hohen Bäumen des prachtvollsten Wuchses, daß man noch deutlich erkennen konnte, wie schön es hier gewesen sein mußte. Besonders fielen die prachtvollen Cypressenbäume auf, welche eine Zierde dieses Parkes von Chapultepec bildeten. Es waren Bäume von solcher Größe des Wuchses, wie ich früher niemals geglaubt hatte, daß die Cypresse erhalten würde.

Unweit dieses früheren Lustschlosses holten wir, noch eine Bande von 40—50 Strolchen ein, welche soeben im Begriff

gewesen waren, die Hacienda eines französischen Kaufmannes
zu überfallen und auszuplündern. Die Juarezschen Anhänger
sollen, wie es hieß, vor ihrer Flucht aus Mexiko alle Ge-
fängnisse geöffnet und deren Insaßen freigelassen haben und
man kann sich daher vorstellen, welch Gesindel sich jetzt um-
hertrieb. Von diesen Kerlen, welche wir hier auftrieben,
ergaben sich ungefähr 15—20 sogleich ohne Weiteres und
wurden alsbald an Händen und Füßen gefesselt. Ungefähr
20 Männer aber, die zu den verwegensten der Bande gehörten, warfen sich in ein kleines Haus, verrammelten Thü-
ren und Fenster, beantworteten unsere Aufforderung sich zu
ergeben, mit Flintenschüssen, durch welche ein Zuave leicht
verwundet wurde und schienen sich auf eine hartnäckige Vertheidigung vorbereiten zu wollen. Ich kam ihnen aber bald
zuvor und ließ das kleine, mit trockenen Schindeln leicht ge-
deckte Haus durch einige Brandraketen, welche in die Gewehre geladen wurden, in Flammen schießen. So mußten
diese Räuber denn wohl aus dem brennenden Hause heraus-
laufen und ungefähr ein Dutzend von ihnen wurde jetzt,
als sie herausliefen, von meinen Soldaten ohne Weiteres zu-
sammengeschossen, der Rest aber gefangen genommen. Auch
den Anführer der Bande, einen Mestizen von wirklich riesen-
großem Wuchs, nahmen wir gefangen, da ein Schuß im
Fuß ihn zu Boden warf. Obgleich liegend und heftig blu-
tend, wehrte sich dieser Kerl noch wie eine verzweifelte Katze,
die man in Sack stecken will, und biß einen Zuaven sehr
heftig in den Arm. Freilich bekam er von dem Gebissenen
dafür einen Kolbenstoß in das Gesicht, daß gleich ein halbes

Dutzend Zähne herausfielen und seine ohnehin nichts weni=
ger als einnehmenden Züge sich vor Schmerz und Wuth
noch mehr verzerrten. Ich habe überhaupt niemals einen
Menschen gesehen, in dessen Gesicht Mordlust und Laster=
haftigkeit und jetzt dabei ein glühender Haß gegen uns sich
so charakteristisch ausgeprägt zeigten, als wie dies bei diesem
Mestizen der Fall war. Als es sich später bei dem Verhör,
durch die Aussagen einiger anderer Kerle seiner Bande,
herausstellte, daß er allein schon mindestens über 30 Mord=
thaten begangen hatte, wunderte ich mich nicht im Mindesten
hierüber. Er wurde vom Kriegsgericht natürlich zum Tode
verurtheilt und einige Stunden darauf schon erschossen. Auch
bei der Execution betrug er sich noch wild und unbändig
und die Zuaven mußten ihn mit Händen und Füßen an
einen dicken Cypressenstamm anbinden, um sicher nach ihm
zielen zu können.

Fast an 3 Wochen mußte ich noch unaufhörlich in der
nahen und fernen Umgebung von Mexiko umherstreifen, ohne
die Stadt auch nur auf eine Stunde mit meinem Fuße be=
treten zu können. Wir fanden noch häufig kleinere und größere
Banden der Juarez'schen Partei, größtentheils aus alten
Verbrechern und Taugenichtsen der Hauptstadt bestehend,
und nahmen solche gefangen oder schoßen sie, wenn sie sich
zu widersetzen wagten, zusammen. In meinem ganzen Leben
habe ich niemals eine solche Menge von Galgengesichtern
und Kerlen, an denen jeder Zoll ihre Bestienhaftigkeit zeigte,
zusammengesehen, als dies bei diesem Streifkommando der
Fall war. Ich hatte oft einige Dutzend Kerle, Creolen,

Mulatten, Mestizen, Indianer und Europäer, alles bunt
durcheinander, in meiner Gewalt, die selbst in jedem europäischen Zuchthause noch durch die Scheußlichkeit ihres Aus-
sehens Erstaunen erregt haben würden. Wahrhaftig, was
für Menschen läßt doch der liebe Gott in seiner sonst so
schönen Welt umherlaufen.

Meine Kameraden hatten sich schon in der Stadt Mexiko
ganz häuslich eingerichtet, als ich endlich von meinem Streifkommando abgelöst wurde und auch in die Residenzstadt ein-
rücken durfte. So sehr ich auch mit Leib und Seel Soldat
bin, und das Leben im Felde mit aller seiner Aufregung
und Abwechslung liebe, so freute ich mich jetzt doch nicht
wenig darauf, einige Wochen im dolce far niente in Mexiko
verbringen zu dürfen. Fürwahr die Stadt ist in ihrem
Inneren eben so schön und anziehend, als ihre Lage an-
muthig und ihr Aeußeres großartig ist. Ich wüßte in der
That in Europa wenige Orte, in denen ich einige Jahre
lieber wohnen möchte — wenn ein ruhiges Leben überhaupt
mein Wunsch wäre, was glücklicher Weise bisher noch nicht
der Fall ist, als in Mexiko. Nur eine volle Börse muß
man hier haben, denn wenn auch die eigentlichen materiellen
Bedürfnisse ziemlich wohlfeil sind, so haben doch alle Ver-
gnügungen und besonders Luxusartikel einen ungemein hohen
Preis und in den Läden, Restaurationen und Hotels ist es
entschieden theurer als in Paris.

Das Glück wollte mir wohl und ich bekam ein recht angenehmes Quartier in der prachtvollen „Calle de los Pla-
teros" der Hauptstraße von Mexiko. Zwar war das Zimmer

kühl und besaß einen Ueberfluß von Mangel aller Mobilien.
Ich konnte fürwahr singen: „ein Tischchen, ein Stühlchen,
ein Bettchen, was braucht man mehr um glücklich zu sein,“
denn weitere Mobilien besaß mein großes Parterrezimmer,
in dem zur Noth eine ganze Kompagnie in der Friedens-
stärke manches kleinen deutschen Kontingents, sich hätte auf-
stellen können, nicht. Was kümmerte mich aber dies Alles,
entdeckte ich doch bald in dem Hause einen Magnet, der eine
ungleich größere Anziehungskraft für mich besaß, als alle
noch so prächtig aufgeputzten Boudoirs dies je vermocht
hätten. Dies war nämlich eine jüngere Schwester meiner
Wirthin, die noch sehr jung an einen alten reichen Minen-
besitzer, der es jetzt für gut hielt, sich aus politischen Rück-
sichten einige Zeit aus der Hauptstadt zu entfernen, verheirathet war. Parbleu, besser hätte ich es gar nicht treffen
können, denn ich hielt es natürlich sogleich für meine Pflicht,
die reizende kleine Wittwe in ihrer Einsamkeit zu trösten und
ihr Herzlein mit Sturm einzunehmen. Eheliche Untreue gehört nun einmal zu den Lebensgewohnheiten der meisten
Mexikanerinnen der höheren Stände, die gewöhnlich des Gel-
des wegen an alle ihnen höchst gleichgültige Ehemänner
verheirathet werden und so hatte ich denn auch nicht allzu-
viele Mühe die Liebe der kleinen Juanita zu gewinnen. Es
war ein reizendes Weibchen, mit Perlenzähnen in dem rosigen, ganz wie zum Küssen geschaffenen Munde und dunklen
Augen, die schon feurige Liebesstrahlen auszusenden vermochten. Wir verlebten der schönen, süßen Schäferstunden
gar viele und Juanita zeigte mir durch die That, daß auch

die Damen in Mexiko ebenso feurig zu lieben wissen, als
ich dies bereits in Frankreich, Algier und Italien und allen
sonstigen Ländern, in denen ich schon gewesen war, erfahren
hatte. Doch wo findet Gott Amor nicht gelehrige Schülerin=
nen? Zeigt er doch seine Alles überwältigende Macht unter
den Weibern der Eskimos, wie unter den Hottentottinnen.
Müssen doch oft selbst eure spröden, wohlerzogenen, zimper=
lichen jungen Mädchen in den norddeutschen Honoratioren=
familien, die es äußerlich für ihre Pflicht halten, auf der
Straße schon zehn Schritte vorher die Aeuglein niederzuschla=
gen, wenn nur ein Mann sich ihnen nähert, und alle Reden
nur mit einem verlegenen Ja und Nein zu beantworten, im
Geheimen seiner Macht unterliegen.

Ich wandte meine Zeit in Mexiko aber nicht allein an,
um mit der kleinen reizenden Juanita zu kosen, obgleich mir
manch schöne Stunde dabei wie im Fluge verstrich, sondern
war auch sonst viel auf den Straßen und an allen öffent=
lichen Vergnügungsorten. Wirklich es ist eine schöne glän=
zende Residenz, würdig eines so alten stolzen, reichen Landes,
wie ursprünglich das spanische Vicekönigreich Mexiko gewesen
sein soll, zwar ist auch hier Stillstand ja selbst Verfall überall
sichtbar, und man bemerkt in Allem und Jedem, wie sehr
das Land zurückgegangen ist, seit es das Unglück hatte, eine
Republik und somit ein Sitz der Anarchie zu sein, allein
selbst die Spuren der früheren Größe sind noch interessant.
Hat das Land Mexiko jetzt nur auf einige Decennien Ruhe,
Ordnung und Gesetzmäßigkeit unter einer klugen, aufgeklär=
ten, dabei aber, wenn es sein muß, rücksichtslos energischen

Regierung, so muß es entschieden eins der schönsten Reiche
der alten wie neuen Welt werden; diese Ueberzeugung ge=
winne ich immer mehr und mehr.

Wirklich prachtvolle Plätze und große Straßen mit Ge=
bäuden, welche der altspanischen Baukunst die größte Ehre
machen, sieht man hier. Ein besonders schönes Gebäude
ist die große Kathedrale, die selbst in Frankreich und Italien
durch ihre Bauart mit Recht Aufsehen machen würde. Auch
unter den sonstigen vielen Kirchen, mit denen die Stadt fast
überreichlich versehen ist, gibt es viele schöne und sehens=
werthe Gebäude. Sehr groß ist auch der Regierungspalast,
wie denn auch der Placa=mayor für jede europäische Stadt
zur Zierde gereichen würde. Daß es an zahllosen Klöstern,
oft wirklich großartigen Gebäuden, die von den kolossalen
Reichthümern der Orden, welche sie gestiftet haben, Zeugniß
ablegen, nicht fehlt, bedarf in Mexiko kaum noch der Er=
wähnung. Auch an schwarzen, braunen, grauen, weißen
und violetten Kuttenträgern fehlt es hier nicht und ganze
Bataillone von Pfaffen aller Art laufen auf den Straßen
umher. Diese vielen überflüssigen Geistlichen zu vermindern
wird eine harte Arbeit sein, doch muß eine Regierung sehr
vorsichtig in allem, was das Priesterthum anbetrifft, auf=
treten. Ueber die Hälfte aller unehelichen Kinder, welche
in Mexiko in großer Zahl geboren werden, sollen Pfaffen
zu Vätern haben.

Da seit der Anwesenheit der französischen Truppen Ruhe,
Ordnung und Sicherheit in der Hauptstadt herrschten, was
alles deren Bewohner, seit Juarez sein Unwesen dort trieb,

gänzlich hatten entbehren müssen, so kehrten auch allmählich
wieder manche wohlhabende Familien, welche nach Havanna,
Nordamerika oder auch nach Europa geflüchtet gewesen waren,
zurück. So sah man denn, Tag für Tag auf den Straßen,
Plätzen und Promenaden eine immer größere Lebhaftigkeit.
Man erblickte viele gut gekleidete Herren, oft auf sehr edlen,
mit mexikanischem Zaum und Sattelzeug reich aufgeputzten
Rossen courbettirend, die Zahl schöner und eleganter Damen,
die besonders viel auf der Alameda spazieren fuhren, oder
in die Kirchen eilten, dort das fromme Geschäft des Betens
mit dem zwar minder heiligen aber oft angenehmeren des
Kokettirens und verliebten Intriguirens mit galanten Herren
zu verbinden, vermehrte sich und auch das Rasseln der
Equipagen auf dem Straßenpflaster ward fast täglich
immer häufiger. Dazu sah man häufig die Kolonnen unserer
marschirenden Infanterie verschiedener Waffen, und der
helle Klang unserer französischen Trommeln mischte sich mit
den Tönen der Signalhörner der Chasseurs à pied oder
dem Trompetengeschmetter der Chasseurs b'Afrique. Auch
das dumpfe Gedröhne, welches eine dahinfahrende Batterie
Artillerie verursacht, ward häufig vernehmbar. Wir mußten
den Mexikanern ja zu jeder Stunde möglichst vor die Augen
führen, daß Mexiko nun eine französische Garnisonsstadt
geworden sei und wir vollkommen die Mittel besäßen, um
sie zu jeder Zeit in der gehörigen Ordnung zu halten. Unsere
Truppenmacht imponirte der revolutionären Partei auch so
gewaltig, daß in Mexiko selbst nicht die mindeste Ruhestörung
irgend einer Art mehr vorfiel.

Mit Ruhe und Ordnung kehrten auch Handel und Wan=
del wieder zurück, wie dies stets der Fall sein wird. Man
sah täglich fast neue Läden aller Art entstehen, und die
schon vorhandenen vergrößerten sich oder man legte neue,
besser sortirte Waaren, als früher der Fall gewesen war, vor
die Ladenfenster. Lange Züge mit Waarenballen beladener
Maulesel, von sonnverbrannten, zerlumpten, aber dabei sehr
malerisch aussehenden Arrieros geführt, kamen täglich in die
Thore und da auch in der nächsten Umgebung Ruhe und
Sicherheit wieder hergestellt waren, so mehrte sich auch die
Zufuhr von Lebensmitteln. Manche neue Handwerker und
Kaufleute, besonders Franzosen, aber auch Deutsche, etablir=
ten sich jetzt, wo sie auf Ruhe und sicheren Schutz ihrer
friedlichen Thätigkeit hoffen durften und man berechnet, daß
in den ersten drei Monaten der französischen Occupation sich
die Stadt Mexiko allein um 15000 Einwohner vermehrt
habe. So verdankt nicht allein Paris und Frankreich, son=
dern in der neuen Welt auch Mexiko der Energie des Kai=
sers Napoleon die Wiederherstellung der Ordnung und da=
durch das Aufblühen jeglicher friedlichen Thätigkeit. Noch
nach vielen Generationen wird man in Mexiko den Namen
Napoleon des III. als den größten Wohlthäter des Landes
preisen.

Ungefähr vier sehr angenehme Monate durfte ich in der
Stadt Mexiko selbst verleben, dann erhielt ich Befehl, mich
einem fliegenden Korps anzuschließen, was das Innere des
Landes von den Ueberbleibseln der Juarezschen Partei rei=
nigen sollte. Das ungeheure Gebiet mit seinen endlosen